从管理混乱到领导成功

30个领导力挑战，成为你想追随的领导者

MANAGEMENT MESS TO LEADERSHIP SUCCESS

30 CHALLENGES TO BECOME THE LEADER YOU WOULD FOLLOW

[美] 斯科特・杰弗瑞・米勒 Scott Jeffrey Miller 著

中国青年出版社
CHINA YOUTH PRESS
中青文传媒

图书在版编目(CIP)数据

从管理混乱到领导成功：30个领导力挑战，成为你想追随的领导者 /（美）斯科特·杰弗瑞·米勒著；张玉然译.
—北京：中国青年出版社，2020. 8
书名原文：Management Mess to Leadership Success: 30 Challenges to Become the Leader You Would Follow
ISBN 978-7-5153-6038-6
Ⅰ.①从… Ⅱ.①斯… ②张… Ⅲ.①企业领导学 Ⅳ.①F272.91
中国版本图书馆 CIP 数据核字（2020）第088535号

从管理混乱到领导成功：30个领导力挑战，成为你想追随的领导者

作　　者：〔美〕斯科特·杰弗瑞·米勒
译　　者：张玉然
责任编辑：肖　佳
美术编辑：张　艳
出　　版：中国青年出版社
发　　行：北京中青文文化传媒有限公司
电　　话：010-65511270 / 65516873
公司网址：www.cyb.com.cn
购书网址：zqwts.tmall.com
印　　刷：北京博海升彩色印刷有限公司
版　　次：2020年8月第1版
印　　次：2020年8月第1次印刷
开　　本：880 × 1230　　1 / 32
字　　数：171千字
印　　张：8.5
京权图字：01-2019-6514
书　　号：ISBN 978-7-5153-6038-6
定　　价：69.00元

CONTENTS
目录

INTRODUCTION

前言

我以你为傲。你有胆量，甚至是勇气。你手里捧着一本书，书的封面上赫然写着“管理混乱”几个大字。你根本不在乎旁边的人（有可能是火车或者飞机上的乘客，也可能是在星巴克排队等候的顾客，或者是你办公室里的同事）会看见你手里拿着这样一本书，并且会立即将你和“混乱”两个字联系在一起。你其实完全可以换一本书招摇过市，书名是另外一种：《完美的负担》《领导力天才指南》，甚至可能是《从伟大到更伟大》。看到你读这样的书，人们肯定会对你刮目相看。但那不是我，我猜那也不是你。我没有上过常春藤名校，也没有认真拜读过有关最新管理学理论的鸿篇巨制。我是从领导力的实践中摸爬滚打出来的。尽管我对自己所做的事没有概念，但我却有足够的雄心和动力坚持下去，哪怕是在失败的时候，何况我经常失败。

我写这本书是为了送给那些感觉自己未曾被完美打造成领导者的人——那些自身有些小“麻烦”的人，无论是由于其作为空降兵的身份，还是因为经验不足、缺乏培训，或者是以上所有原因。很可能有一些我认识的人会认为我是最不配写类似这样一本书的人，而且其中的几个人或许正读着这本书。所以，我要先讲清楚下面这段内容：

我的个性极强，常常会达到爆表的程度。我刻薄、龟毛、自私、固执。我曾经把实实在在的好人惹得大哭，导致有才华的同事离职。甚至，很可惜的是，有时我会借助自己的职位和脾气轻视、贬低和压制他人的贡献。但熟悉我的人都知道，我也是这样一位领导：我所领导的部门是那些希望在职业和技能方面求得发展的人的好去处。我是许多人的挚友，而且如果你需要有人为你保释出狱，或者将你从绑架或任何其他紧急情况之中解救出来，那么我就是那个你可以随时呼叫的人。我也是那个会预备一瓶冰镇香槟为临时到访的客人斟上一杯的人。我是一个模范丈夫，也是一个慈爱的父亲；一个无数在事业上取得非凡成功的人士的拥护者、支持者和导师。我有一些天分，并且很努力地利用和放大这些天分（谦逊不在此列）。简而言之，我是人：有瑕疵也有天赋，有失败也有胜利。

如果你也走在领导力旅途上，那么我这本书就是为你而写的。它是对我人生经历的一次反思，其中有失败也有成功，历经了现实世界的磨砺——受到过富兰克林柯维公司许多同事、朋友和导师以其深厚的专业知识和思想领导力予以的塑造、验证和修正。我很幸运能成为富兰克林柯维公司的一员。这是一家为全球财富5000强企业及其他企业提供行业优势管理和领导力咨询服务的公司。所以，尽管我曾经在各级岗位上一路跌跌撞撞甚至遭遇失败，我总是情不自禁地回想起一些最成功的领导者们所奉行的原则和做法。这些经过验证的深刻见解（其中有许多在本书中都有谈及）曾经帮助一位在众人眼里有许多缺陷的领导者升至高级管理层。

我会是第一个承认领导工作不是总会有回报的人。它会让人感觉像是个需要不断解决问题和陪护成年人的无底洞。领导是耗费精力的、重复性的工作，它会持续不断地向你索求在情感和智力方面的能力。它要求你有一个“永远在线”的心态，因为人们期望你能回答一切问题、做出一切正确的决定，而且往往是快速的决定。坦率地讲，大多数时候，我真的无法乐在其中。但这并不意味着领导工作不重要，相反，我们为之奋斗的东西往往会产生最大的回报（没有人喝甘蓝奶昔是因为味道好）。承认领导角色是辛苦的、缺乏乐趣的，这没什么。我们是这条路上的旅伴。而在领导道路上取得的成功，会带来改写人生的益处。

你也许雄心勃勃并且天资聪颖，但领导力从来都不像是一种来自上天的使命感。你或许是家庭中第一个上大学的人，更别说参加过董事会议了。或者你根本没有上过大学。你也可能是一位在男性主导的行业里攀升至顶层的女性，或者是一位开始在商界努力奋斗并且汲取了一套别样的领导风格和经验的资深人士。也许你被请去领导一群可能在几天前还和你平起平坐的人，或者你可能是一位备受推崇的

MBA，需要去领导像我这样的人。如果是这样，那么谨以此书送给你以及其他任何一个怀揣着不安、惶恐或者一种局外人的感觉走上领导岗位的人。

当然，没有任何一个人在管理方面会是彻底的一塌糊涂，也没有任何一个我所认识的人是十全十美的成功领导者。我们每个人都是一个汇集了各种才华和弱点的混合体，并且会通过日常的决策表现出来。我写这本书的目的就是拓展这些才华，排除会限制领导力的弱点，促进更加完善的领导决策。为了实现这一目的，你将会看到30个领导力挑战，这些都是富兰克林柯维公司基于多年的研究和开发、数以万计的客户实施案例以及无数的培训辅导活动精心打造出来的。我通篇谈到了这些挑战背后的各种不同的思想领袖和专家，他们代表着横跨四十多年的智慧、专业知识和有实用价值的建议的集合。同时我还特别介绍了一些曾经作为我在某个原则方面的典范给我带来深远影响的个人，并且讲述了身陷管理混乱中的一些人的故事——只是改换了姓名和身份，除非我是在谈我自己（我的妻子认为，对于这么薄的一本书来说，我提到自己的次数无疑是太多了）。

这本书里的挑战会将你打造成为一名更加出色的领导。这些挑战分为以下三大部分："自我领导"（挑战1—8）、"领导他人"（挑战9—21）和"达成结果"（挑战22—30）。如果当你观察到原则与现实世界之间的相互碰撞，或者看到我历尽艰辛方领悟到领导方面的教训之后，并没有因此而退却，那么请你用心对待这其中的每一个挑战。你既可以从第1个挑战到第30个挑战按顺序阅读，也可以跳到当下最能引起你共鸣的话题。每一个挑战的结尾，你都会看到“从混乱到成功”的提醒事项。至于具体如何执行与实践，由你自己决定——如果你觉得自己有能力应付，可以一天选择一项，或者一个星期一项。无论节奏如何，都要尽量不要让挑战内容停留在书本上，而是要将其应用到现实世界的领导角色中。

那么就让你的同事们看到你正在读这样一本封面上写着“管理混乱”的书好了。吃午饭的时候，勇敢地把书翻开，骄傲地坐在你的老板对面！因为书里面所汇集的原则和实践方法都源自一些最优秀的领导力思想家。你可以将我的经历当作一条捷径、一个警世寓言，或者一项值得采用的技能。我向你保证，我一定会直言不讳。而且，既然在这段我们称为领导力的探险旅程中，你离更多的成功（更少的混乱）之间只有30个挑战的距离，那就让我们出发吧。

第1部分

自我领导

LEAD YOURSELF

第1天 保持谦逊	**第2天** 富足心态	**第3天** 先倾听对方	**第4天** 表明意图	**第5天** 信守承诺
第6天 掌控自己的情绪	**第7天** 激发信任	**第8天** 角色平衡	**第9天** 知人善任	**第10天** 经营关系
第11天 审视你的思维方式	**第12天** 进行高难度谈话	**第13天** 直言不讳	**第14天** 平衡勇气和体谅	**第15天** 表现忠诚
第16天 让人们敢于说真话	**第17天** 纠正错误	**第18天** 辅导潜能	**第19天** 防止团队疲于应对紧急情况	**第20天** 定期进行一对一面谈
第21天 允许他人聪明	**第22天** 创建愿景	**第23天** 明确至关重要目标®（WIGs®）	**第24天** 推进至关重要目标®（WIGs®）	**第25天** 确保系统支持使命
第26天 交付结果	**第27天** 庆祝胜利	**第28天** 做出高价值决策	**第29天** 引领变革	**第30天** 追求卓越

挑战1

保持谦逊

缺乏谦逊的品格是否限制了你的视野，
或者削弱了你作为领导者的影响力？
如果你曾有过这样的经历，你当时是否对此有所感知？

在我担任领导职务的初期，那是非常重要的两天。在成功地做了4年的独立销售代表之后，我当时刚刚受到提拔，负责领导一个约10人的团队，团队成员是曾经与我同级别的同事。他们当中的大多数人都比我资格老，都曾经投入时间、精力建立并形成了自己的销售技巧，而且作为顾问级别的销售代表，他们在某些方面比我更有天分。

我展现出了作为新任领导应有的领导能力，并且希望我的领导之路以一种值得纪念的方式开始。（请不要走开，我保证这开篇的第一个挑战绝不会让你失望。）从副总裁那里得到了批准和资金支持后，我策划了一个为期两天的销售战略会议。我安排好会议室，预定了餐饮服务，还聘请了公司内部的一位绩效顾问来协助开展一项为期两天的培训活动，以确保这支团队能够获得公司内部领导力解决方案的最新信息。

会议第一天的早晨到来了。我和南希·摩尔顾问双双在早上7点左右到达会场，为预先通知的8点开始的会议做准备。我对此记忆犹新。我当时很兴奋，或许还有些激动，因为喝了过多的咖啡。（事实上，在犹他州的普罗沃，一杯就太多了。）南希对学员们的成功也是尽心尽力，甚至还给他们准备了一大盘精心摆放的新鲜水果（是她亲手做的水果拼盘，而不是杂货店陈列柜里摆放的那种现成的果盘）。我为我的新官上任首秀做好了准备。它一定会震撼人心。团队成员在8点15分左右陆续踱入会场。当最后一位同事到场时，会议终于在上午8:30左右开始了。

我感到怒不可遏。我勉强宣布会议开始，介绍了顾问，然后在U形桌前我的位置上坐下。然而我终究无法释怀，在我成为他们的领导的第一天，我的团队成员竟然会对开会时间如此的漫不经心，这是对顾问和我本人的不尊重。毕竟，我们都是时间管理的专家，这些人怎么会集体迟到，而且连一句道歉的话都没有？这让我怒火中烧。和大多数惹我恼火的事情一样，愤怒的“癌”细胞开始转移扩散，并且自我生长壮大起来。

我在对这种深刻的不敬之意的耿耿于怀中度过了这一天。团队成员们知道我生气了，因为我丝毫没有试图掩饰我的愤怒情绪。自我调节和情绪管理的概念在我当时的字典里根本不存在。

这种情绪始终挥之不去，从傍晚到第二天早上一直伴随着我。在上班的路上，我顺便到杂货店，不是去买水果或羊角面包，而是买了10份《盐湖论坛报》。我策划好了一个方案，而且它一定会产生轰动效果。诸位看官，领导力在行动。

早晨8点整，也就是会议开始的时间，我走进会议室。让我感到一阵虐待狂般欣喜的是，几乎没有几个人坐在座位上。大约10分钟之后，大家终于全部就坐。我站起身，在那个我自认为是最美妙的展现领导力的时刻，开始绕着桌子踱步。我把分类广告抽出来，甩到每一个人面前，同时宣布 :“如果你们想要一份朝九晚五的工作，狄乐百货公司正在招聘。”为了避免他们没听明白，我给每个人发了一支黄色记号笔，以便他们标示出招聘广告上的空缺职位。

成功的领导人就该这样！我是在表明一个重要的观点，而且我的直率、胆量和决心会受到尊重。

至少，在那时这个想法看起来很了不起。

然而，大家并没有认可我的领导天才，而是开始起身离开座位。许多人瞪着我，目光里流露出的情绪从困惑不解到纯粹反感。还有一些人开始斥责我，不止一个人当场要求辞职。在这种情况下我采取了任何一个优秀的领导都会采取的行动：说了更重的话。毕竟，那都施加在他们身上，而不是我身上。

或许这真的不是上上策。南希愣在那里，难以置信地看着。一位同事宣布这是他的最后一天。反对我的观点大体围绕着一个主题：作为团队的领导者，同时也是领导力培训课程的倡议者，怎么可以如此公然无视课堂上传授的领导力原则呢?

将这一刻称为领导的混乱或许还是善意的。这是近20年前的事了，所以我们最终是如何化解争端并拯救这一刻于水火之中的，我有些记不清了。我敢肯定这当中他们的作用比我的更大。一个小时后，不知为什么我们又重新聚在一起开会，那一天也就过去了。

如果你认为那天早上我承认自己在领导方面有过失,那你就错了。我私下里连续数日坚持对南希声称，我是对的。她也耐心地倾听了我荒谬的合理化解释。大约一个星期后，她最终坐下来帮助我理解为什么我的方法不会对我有很大帮助。当时我很难理解她的看法，但我相信她心里完全是为了我好，所以我用心听取了她的教导。我尽我所能地弥补给团队造成的伤害，并为我的行为表达了歉意。

如果你得知我现在和那天在培训室里的所有人都成了朋友，你可能会感到惊讶。10年后，他们当中的许多人都来参加了我的婚礼，我们为当时的荒谬情景哭笑不得。

其中有几个人还在刚刚和我结婚120分钟的妻子面前再现了当时的场景。我敢肯定她当时一定很担心，自己刚才是不是在与一个反社会的家伙海誓山盟。最后，大家都对我极度的无知和傲慢感叹不已。

或者换一种方式表达，是我谦逊品格的完全缺失。

我只能说我生来就没有谦逊的基因。我在第一次做经理时就曾为此挣扎，现在依旧如此。我不得不非常努力地去牢记它在人际关系中的价值，尤其是作为一名领导者。

在担任富兰克林柯维公司领导力执行副总裁期间，我有幸在互联网和iHeartRadio上主持了几个访谈节目。在采访了一百多位畅销书作家、首席执行官和领导力专家之后，在为优秀的领导者下定义时，他们所公认的一个共性就是谦逊。他们将谦逊视作一种长处，而不是弱点。你或许会认为，谦逊的反面是傲慢。

未能表现出谦逊的领导者常常发现自己有傲慢的倾向并寻求外部的认可。除了自己，他们几乎不听从任何人的话，因此错失了学习和修正航向的机会。他们经常会把对话变成竞争，觉得有必要“胜人一筹”，掌握最终话语权。

在富兰克林柯维公司的畅销书《人生算法：已被证实的使个人和

团队变得更好的15个套路》中，托德·戴维斯（Todd Davis）写道：

谦逊的人有一种安全感，他们对自己的认可不是来自外界，而是来自其内在。谦逊意味着不那么关注自我，因为真实的自我更好，远胜看似很好，也不需要所有人回应，或赢得他人的认可。所以，那些谦逊的人们，可以在别人身上投入更多的精力。他们从感受自我（内在聚焦）出发，去寻找奉献和帮助他人的方法（外部聚焦）。谦逊是建立牢固的、有意义的人际关系的关键。

当你学会拥抱谦逊时，你会感到更加坦然，因为你知道自己是谁。你可以摆脱害怕出错的担忧，或者永不示弱的必要。引用我们的联合创始人史蒂芬·R. 柯维博士的一句话，“谦逊的领导者更关心什么是正确的事，而非证明自己是正确的”。

从混乱到成功：
保持谦逊

- 选择一个你正在领导或者参与的新计划。
- 找出就该项计划与你持不同观点的人。
- 安排些时间倾听他们的想法。如果你们的想法之间存在严重分歧，不仅要以耐心和尊重去理解对方的观点，更要真诚地站在对方的角度去思考。
- 根据你的了解，什么能够有力地推动该项新计划，人际关系还是你的个人领导风格？
- 要坦然地甚至是自信地承认自己并非全知全能。这并非缺点，而是长处。

第1天 保持谦逊	**第2天** 富足心态	**第3天** 先倾听对方	**第4天** 表明意图	**第5天** 信守承诺
第6天 掌控自己的情绪	**第7天** 激发信任	**第8天** 角色平衡	**第9天** 知人善任	**第10天** 经营关系
第11天 审视你的思维方式	**第12天** 进行高难度谈话	**第13天** 直言不讳	**第14天** 平衡勇气和体谅	**第15天** 表现忠诚
第16天 让人们敢于说真话	**第17天** 纠正错误	**第18天** 辅导潜能	**第19天** 防止团队疲于应对紧急情况	**第20天** 定期进行一对一面谈
第21天 允许他人聪明	**第22天** 创建愿景	**第23天** 明确至关重要目标®（WIGs®）	**第24天** 推进至关重要目标®（WIGs®）	**第25天** 确保系统支持使命
第26天 交付结果	**第27天** 庆祝胜利	**第28天** 做出高价值决策	**第29天** 引领变革	**第30天** 追求卓越

挑战2

富足心态

你的匮乏心态在哪些方面妨碍了最佳结果的实现？

对你来说，分享荣誉、

赞美、认可或者权力的难度有多大？

你有时可能会去自助餐馆里吃饭（除了我那位品位高雅、憎恶自助餐的妻子）。就所采用的取食策略而言，存在两种不同的思维方式：第一种认为，食物数量有限，所以要先人一步抢到自己想要的东西；另一种则可能认为有足够的食物分配给每个人，食物多得任何人都吃不完，所以你可以让带着氧气瓶的老年人先来。事实上，会有足够的大虾供每个人享用。要记住，那装冰鲜大虾的袋子可是重达40磅。

这种现象在本质上体现的是匮乏心态（在东西被抢夺一空之前拿到你的那一份）和富足心态（有足够的东西分配给每个人）之间的差异。

我的富足思维力量的第一课，来自我的一位同事。我那时正在考虑是否要从犹他州的普罗沃市搬到50英里之外的滑雪小镇帕克城。住在一个较为凉爽的小镇里，工作还是原来的工作，只是通勤时间会更长一些。搬家的费用几乎是我的租金的两倍，于是我试图判断这是否是个明智的财务决策（明确地讲，不明智）。当我和这位工作上的好友谈论这件事时，他说了一句让我至今记忆犹新的话："在没有界定多少才是足够的之前，你永远都不会知足。"我和无数的朋友分享过这一警句，因为它说到了富足思维的核心。界定"足够"，否则你会永远担心所得的不够多。

我的第二课要来得粗暴一些，而且这件事发生在午餐期间，对我们用饮食打比方的方法来说也很应景。（我在选择商务会面的餐厅方面有一套屡试不爽的方法。如果我预计某次交谈存在高风险，我喜欢在一个封闭的、双方都不受任何外界干扰的包间里会面。而在我最喜爱的餐厅里，我从不进行不愉快的谈话，以便我能让会谈的情绪远离我对食物的钟爱。）

为了这次会面，我在我最喜爱的餐厅之一Cracker Barrel 预订了午餐，因为我期待着将与我最信任的团队成员吉米愉快地共进午餐。吉米点了一份乡村炸牛排，然后对我说："斯科特，我已经受够了你把我所有的项目归功于你自己。"你可以想象我当时的讶异。

这句话不需要更多解释。需要更多的前因后果？好的，请你往下看。

吉米接着列举了几个他认为我抢了他头功的例子：我宣布了一项由他领导的宣传活动的成果，热情洋溢地谈论由他策划的一次产品发布，等等。而每一次我这么做的时候，从未提及过他的贡献。

我当时的本能反应是不同意，同时带着合理分量的愤慨。从前的我肯定会那么做——告诉人们事情本应是怎样的，这是我曾经引以为傲的事，去他的什么后果。然而在富兰克林柯维公司工作的经历已经改变了我，于是从受到刺激的那一刻到做出最终的反应这段时间内，我平缓地吸了一口气。我尽自己最大的努力承认吉米的担忧是对的，并许诺会更注意这一点。

午饭后，我开始仔细琢磨他说的话。这当中有多少是真的？我肯定没有去邀功请赏的理由。在我职业生涯的那一阶段，我在公司的影响力相当大，而且我在首席执行官和董事会那里的业绩记录也非常出色。难道我会感到如此的不安全，以至于需要获得比目前更多的关注和赞誉？事业更上一层楼是否比扶别人一把更重要？我是否真的，有意或无意地，曾以牺牲他人为代价来维护自己的品牌、声誉和事业？

我相信公司的管理团队会告诉你，在他们面前，我经常会称赞他人，感激他们的贡献。然而，在管理层闭门会议中发生的事情并不总是能传到其他员工的耳朵里。那么，这次的问题出在哪里呢？

我没能以富足心态来思考问题。

当人们担心得不到足够的金钱、礼物、关注、赞美，或是其他事物时，会产生匮乏感，并且想要填补这些空缺，这是人的本性。而在公司里，荣誉真的是有限量的吗？很显然，不是。借用那个自助餐的比喻，我不断把“荣誉”盛到我的盘子里，就像放了一堆大虾。我不仅没有停下来思考“多少才算足够”，在匮乏心态的驱使下，我还害怕错失机会。最糟糕的是，我甚至没有意识到自己的这种想法。

与吉米交谈之后，我有意识地尽力公开表扬每一个应该表扬的人，并且在团队成员表现出众时与他们分享荣誉。那之后我并不是每件事都做得完美，但通过将富足原则牢记在心，我相信我已经成为了一名更亲切、慷慨、值得尊重的领导。并且，我不仅没有错失什么机会，反而从其他人的成就中获得了更多的回报。

从混乱到成功：

富足心态

- 想出一个你能够分享荣誉、表扬和认可或者决策权的场景。
- 当你发现自己自认为应该独享因成功或成就而获得的荣誉时，请停下来深入地思考：为什么？原因是什么？围绕你的匮乏思维抽丝剥茧。
- 回想你职业生涯中一些难忘的（好的或者坏的）时刻。这当中是否存在某种模式？
- 列出未来你将以富足的心态来思考和行动的方式。
- 列举出匮乏思维可能在生活中限制你及你赞美他人的能力的领域。设想一下，如果你在一生当中始终持有富足心态，会产生怎样的影响。

第1天 保持谦逊	**第2天** 富足心态	**第3天** 先倾听对方	**第4天** 表明意图	**第5天** 信守承诺
第6天 掌控自己的情绪	**第7天** 激发信任	**第8天** 角色平衡	**第9天** 知人善任	**第10天** 经营关系
第11天 审视你的思维方式	**第12天** 进行高难度谈话	**第13天** 直言不讳	**第14天** 平衡勇气和体谅	**第15天** 表现忠诚
第16天 让人们敢于说真话	**第17天** 纠正错误	**第18天** 辅导潜能	**第19天** 防止团队疲于应对紧急情况	**第20天** 定期进行一对一面谈
第21天 允许他人聪明	**第22天** 创建愿景	**第23天** 明确至关重要目标®（WIGs®）	**第24天** 推进至关重要目标®（WIGs®）	**第25天** 确保系统支持使命
第26天 交付结果	**第27天** 庆祝胜利	**第28天** 做出高价值决策	**第29天** 引领变革	**第30天** 追求卓越

挑战3

先倾听对方

你上一次为了理解而非回应去倾听是什么时候?

我有打断别人说话的习惯。我并不以此为傲，但我也经常意识不到自己是在那样做。也许这习惯是写在我的DNA里的，而我却错过了人生使命的召唤，未能成为一名法庭上的诉讼律师或者中央情报局的审讯官。不管怎样，如果你见过战斗在晚宴上的我，你很可能见证过这种行为的上演。

我与他人的大部分谈话都在同样的弄巧成拙的怪圈内循环：为了显示出对对方真心感兴趣，我会问问题，反反复复地问，而且是一连串快速的火力发射（就如同战斗中的袋鼠调用其腿部的全部速度和力量击打受害者）。几乎没等对方来得及回答问题，我就发出了下一个疑问。令人尴尬的是，我之所以对此有所感知，是因为我妻子经常会把一只手放在我的胳膊上说："斯科特，让他们说完。"

我为什么会这样做？可能是为了逃避我的社交尴尬症。事实上，出于一种试图填补任何一个无言空隙的强迫症，我经常会在一两个小时的时间里问同一个问题，以至于人们一定会以为我患上了早期阿尔茨海默症，这事儿可不是开玩笑的。我试图建立起融洽的关系，打破社交过程中的沉默，却常常会制造出更多的尴尬，并且降低我的公信力，同时也让他人采取守势——如果你是一位盘问证人的律师，这种能力或许是你的一笔巨大财富，但对于我的所有角色来说，意义并没有那么大。

“打断别人”与“倾听对方”之间的势不两立是显而易见的。当别人正在讲话时，我们却在心里构思着如何回应，推敲着如何反驳，或者彻底放弃任何思想上的交流，因为我们强烈反对一个如此荒谬的立场。“你怎么可以这么想？”这是我想过（或者更糟糕，说过）太多次的一句话。不过我正在努力改正。

我最近在一档新的电台节目“伟大的生活，伟大的事业”（*Great Life, Great Career*）里担任主持人。在这个环境中，我不仅发现了沉默的重要性，而且还发现了它的必要性。在我采访许多天资聪颖的思想领袖和行业巨头时，我发现让人们有一定的空间去思考我所提出的问题非常重要——允许他们有时间在思想中安置一个思维的挂钩，然后在上面挂出更多的意义。而我在这项工作中所学到的这些也可以在神经科学中找到证据支持。

几年前，我遇到了一位我崇拜的偶像，著名的乔治城大学语言学教授和畅销书作家德博拉·坦嫩（Deborah Tannen）。她的开创性著作《你误会了我》（*You Just Don't Understand*）曾惊人地连续8个月占据《纽约时报》畅销书榜首。

在我们交谈的过程中，她传授给我一个我需要更常使用的倾听技巧。她指出，如果两个说话的人对于在轮番说话之间停顿多长时间才算正常存在不同的理解，那个对停顿时长的预期较短的人会感觉，那个稍作停顿的人已经讲完话或没有话说，但实际上他们并没有讲完，结果就可能造成无意识的打断。如果你发现交流过程中都是你在说话，她建议你在开始说话之前，数7个数，或者必要的时候数10个数，以便给对方更多的时间继续或者开始说话。你可能会意想不到地发现他们确实有话要说。而另一方面，如果你感到自己的话被打断，或者感觉对方在滔滔不绝，你可以早于自己感觉正常的时间抢先开始说话，然后你可能会惊讶地发现，对方会停下来，并且真的在听你说。

我对此的领悟是：当别人说话的时候，你要刻意地闭嘴，注意力集中在你的嘴唇相互触压（是你自己的嘴唇，不是你的和别人的）的生理感觉上。当对方停顿时，你要在回应之前数7个数。这样做会增加他们接着说下去的可能性，而且此刻他们通常会分享关于自己观点或情况的重要细节。我相信，除了要切实改变你对倾听的价值的心态或信念（见挑战11）之外，成为一名更好的倾听者的第一步就是干脆不说话。通过稍微增强一下意识来消除——甚至只是减少——你自己打断别人讲话的行为，可以让你在人际关系上得到极大的收获。

然而事实是，我们没有花很多时间去倾听。我经常在世界各地的主旨演讲中对领导者们进行调查，询问他们有多少人接受过沟通技巧的正式培训，大约70%的观众会举手。然后，我对沟通做了进一步的定义，使其包括商务写作、媒体培训、公共演讲、促动技术和演示软件的使用。这一次，几乎100%的人举起了手。然后我暂停片刻，问另外一个问题："你们当中有多少人接受过**有效**倾听的正式培训或教育？"结果，即使有500名或更多的观众，我也可以很轻易地数出人数来。

倾听是最被低估的沟通技巧之一，而且领导者们很少接受过关于倾听的培训。与之相反，我们被告知要清晰地表述信息，充满自信和有说服力地沟通，并且熟练掌握我们使用的语汇。对于“闭嘴和倾听”的价值，我们最多只是嘴上说说。我们忙于主持会议、职工大会、电话会议、网络广播、静修活动和异地团队活动——这个单子可以无休止地罗列下去。我们忙于说服、指导、阐明，然后从头再来一遍。这些是很难通过哑剧或手势无声无息地办到的事情。你最近一次投票给一位候选人，关注一位领军人物，或者捐钱给某个人，只是因为喜欢他们倾听的方式或者手势姿态，那是在什么时候？在这个人人喊叫着、希望被听到的世界里，我们太多时候将倾听看作是无关紧要或软弱无力的。讲述——在当今时代是一种力量。无论是通过 TED演讲，还是通过新闻频道中的专家，或是高价位的主旨演讲者所传递，我们都可以看到有一个完整的讲述行业在那里，等着被聆听（和付钱）。

那么何以存在对讲述的偏爱？我的简要回答是：倾听令人讨厌。它往往要求你慷慨地付出时间和注意力，来忘记你自己的需求而专心致志于他人的。真正的倾听需要自制力、自控力以及理解对方观点的真实意愿。倾听需要你去关心，甚至可能超出你想关心的。

倾听的技巧不仅仅是领导者的一个美好特质——它同时也是真正的领导能力。柯维博士（Dr. Covey）在他的著作《高效能人士的七个习惯》（*The 7 Habits of Highly Effective People*）中激励我们成为更有同理心的倾听者。“同理心倾听”的意思是，一个人首先要带着一种“让我试着理解这个人的需求、目标、压力和感受”这样开放、敬重的心态去倾听。这是一种非常无私的心态：你有意识地让自己摆脱一切干扰，全神贯注于对方说的话。最终，你能够准确地重复对方所讲述的内容及说话人的意图，并且令对方感到满意——不仅仅是词语，还有词语背后的感受和情感。

柯维博士还进一步详述了人们经常习以为常的四种具体的糟糕倾听方法：

- 评价（以自身的经验为基准决定同意或不同意）
- 打探（以自身的经验为基准提出问题）
- 建议（以自身的经验为基准提出建议）
- 诠释（以自身的经验为基准，对其他人的动机做出预判）

下面，我将通过一个对话样本来进一步解释这些糟糕的倾听方法，这段对话是经理人教练兼领导力顾问朱迪·亨里奇（Judy Henrichs）最近与我分享的。假设某人走进你的办公室说了一句“我的狗刚刚死了”，持糟糕的倾听方法的人会做出如下反应：

评价型倾听者：

“你不该感到难过，那不过是一只狗而已。我认识一个人，他6岁时就失去了父母，接下来发生的事情更是让你难以相信……”

这话说得似乎有些极端，但实际上也并不是那么牵强。我们往往根据自己的需要、思维方式和信念对人们做出持续的判断。我们或许是在试图给予帮助，然而却适得其反——我们展现出的是个人关注的事项。

打探型倾听者：

“它得心脏病了？癌症？被车撞了？”

这话或许听上去是善意的，但它同样反映的是你个人关注的事项。事实和细节对你来说比伤心的宠物主人更重要，而且这种问题也有点令人毛骨悚然。为什么你需要知道某人的狗是怎么死的？这真的很重要吗？除非人家告诉你，否则这事无关紧要。打探的人关注的是满足自己对细节的需求，而这些细节只对你有意义或者让你能够做出反应。

建议型倾听者：

“无论你怎么做，都不要把它们火化了。我听说过一个关于……的故事。”

你的建议显示出，你自以为是地判断对方的问题所在。你已经断定他们的难题是如何恰当地处置狗狗的尸体。你并没有花时间也没有兴趣去理解，狗的主人目前最难受的是（或不是）什么。

诠释型倾听者：

“嗯，如果你没在那只该死的狗身上投入那么多，你就不会那么伤心了。我的意思是，我的天哪，你在那些可笑的按摩上花了多少钱？还有那个宠物沟通师？她完全是个怪人。”

首先，你能肯定悲伤是他们的主要情绪吗？它有可能是释怀，甚至是内疚，或者是寂寞。这个人很有可能现在或者曾经很伤心，但这不是由你来猜测的事。无论什么样的经历让诠释型倾听者的观点戴上有色眼镜（或许他们自己的宠物沟通师揭示了他们的仓鼠有蓄意谋杀的想法），它都与其他人的经历无关。

这四种反应可能显得有点夸张，但我们都有可能犯过类似的错误。有同理心的倾听者所动用的不仅是他们的耳朵，还包括他们的眼睛、头脑和心灵，以便真正了解正在发生的事情。在倾听时，他们面对对方，而不是转过脸或者扭过头去，以便寻找有助于了解全面信息的可视迹象，例如，那人看上去疲惫不堪或萎靡不振。他们集中关注的不是自己的参考标准或日程事项。这不是一件轻松的事——它需要一个人全身心的投入和兴趣，需要带着同理心去聆听。同时，它也需要不断练习和无私的品质。

实际上，成为一名伟大的倾听者，将会提高你与他人有效合作，并以正确的方式解决正确问题的能力。所以，下一次如果你想提一个表面上似乎能显示你的诚挚关切的问题时，你要先问自己：**我的动机是什么？在表达同理心之前我需要真正了解什么？我所关注的是我自己的原则，还是他们的？**

暂时把自己搁置一旁，去关注一下他人，会让人感觉到一种释放。让自己跳出自我的思维和自说自话，把注意力放在另外一个人身上。敞开你的胸怀，让别人做自己。在一个安静的空间里，与另外一个人度过一段时光，与之心心相印，倾听他的烦忧、快乐或是挫折，你会建立起一种持续一生的亲密关系，同时也能将你自己的内心挣扎置于对话之中。

从混乱到成功：

先倾听对方

- 练习不打断别人：在对方似乎表达完之后，请你轻轻闭上嘴唇，并且数到5。这一技巧练习得越多，就会变得越自然。
- 展现出同理心倾听：尽力去理解对方的需求、目标、压力和感受，当你考虑的是自己而非对方关注的事项时，要有所意识。
- 当你发现自己在打断他人、提出建议、表示同意或不同意、打探或者讲自己的故事时，停下来。回顾一下并且用心倾听，以便理解对方说的话以及他们的感受。
- 如果对方明确地征询你的建议或反馈，你可以说出你的想法。
- 将时间视作礼物——你无法满足每个人的需求，但你可以尽力满足你眼前这个人的需求。

第1天 保持谦逊	**第2天** 富足心态	**第3天** 先倾听对方	**第4天** 表明意图	**第5天** 信守承诺
第6天 掌控自己的情绪	**第7天** 激发信任	**第8天** 角色平衡	**第9天** 知人善任	**第10天** 经营关系
第11天 审视你的思维方式	**第12天** 进行高难度谈话	**第13天** 直言不讳	**第14天** 平衡勇气和体谅	**第15天** 表现忠诚
第16天 让人们敢于说真话	**第17天** 纠正错误	**第18天** 辅导潜能	**第19天** 防止团队疲于应对紧急情况	**第20天** 定期进行一对一面谈
第21天 允许他人聪明	**第22天** 创建愿景	**第23天** 明确至关重要目标®（WIGs®）	**第24天** 推进至关重要目标®（WIGs®）	**第25天** 确保系统支持使命
第26天 交付结果	**第27天** 庆祝胜利	**第28天** 做出高价值决策	**第29天** 引领变革	**第30天** 追求卓越

挑战4

表明意图

你是否曾经将自己的行为归因于错误的意图？
为什么会发生这种情况？

在我早期处于混战、努力往上爬的领导岁月中，如果你跟我讲什么要表明自己意图之类的道理，我会告诉你，你是个疯子。如果你认为领导就是一场玩弄政治花招的战争，一种不择手段的晋升，那么你很可能对下面这条维多利亚时代的军事谋略产生共鸣：“掩盖你的目的，隐匿你的行进；在战斗结束之前，不要暴露你的意图，直至它们不可战胜的那一刻。”

这种对抗心态曾经一度司空见惯于几乎所有的组织当中——作为“你死我活”文化的一部分。这种心态或许依然是人们驱车行驶在纽约市时的主流智慧，不过这事得另当别论。**在公司的环境里，很大一部分得益于我在富兰克林柯维公司的工作经历和一些我极为敬重的竞争伙伴，马基雅维利主义的态度已经演变成对打造高透明度、通力协作和相互信任的文化的愿望。如今，很少有人愿意在一个玩弄藏而不露和胜人一筹伎俩的环境中工作。**

如果这种过时的观念依旧体现在你的领导风格和工作文化中，那么让我为你省点儿时间，也免得你心痛。从长远来看，你必将失败，而且会败得很惨。一旦你惹上了欺骗和隐瞒真实意图的名声，没有人（我是说任何人）会信任你。失去信任，你注定要失败。

去问问研究信任的专家史蒂芬·M. R. 柯维吧。在他的畅销书《信任的速度》（*The Speed of Trust*）里，他写道：“我们通过自己的意图来判断自我，而通过可察觉的行为来判断他人。”所以，即使你很卖力地试图藏匿自己正在谋划的事情，人们还是会根据所看到的对你做出评判。如果你想成功，不要试图隐瞒信息，而要公开地与人分享。陈述你的意图，让他人不会对你的行为产生误解。

我永远不会忘记我在公共关系课上学到过的一个原则。粗略地转述一下，就是“如果没有真正的事实，人们就会胡编乱造”。**在谈话过程中明确自己的意图，尤其是在那些具有对抗性或存在高风险的对话中，是达成相互理解**（即使不是协议）**的关键。**

几个月前，我的一位资历较浅的同事彼得，通过 Outlook 与我预约了一次会谈。尽管没有议程，甚至没注明主题，但出于对他的尊重，我还是同意了这次会谈。我对这个人不是很了解，所以进行一次会谈难免有些不正常，但也不算过分。结果是，我们坐在会议室里，都感觉有些不自在。我们的谈话（主要是彼得主导）漫无目的地进展了大约15分钟，谈及的都是些东拉西扯的话题，谈话中有提问，有意见，甚至还有对我领导的几乎每一个项目的评判。彼得似乎是想给我提出些反馈意见，但由于主题范围太过宽泛和分散，我分辨不出需要集中关注的点。

最后，我失去了耐心，并且直截了当地询问他会谈的目的。彼得结结巴巴地试图说清楚，然而他还是继续不着边际地绕了几分钟圈子，我的恼怒在逐渐升级。最后，我说：“对不起，我还是不清楚我们谈话的目的。我们谈到了很多话题，但我不明白我怎么才能帮到你。”容我在此插一句，我认为彼得是个很优秀的人，品格高尚、勤奋、有教养、敬业。或许我们不会在所有事情上看法一致，但他让我回想起年轻时的自己（这既是赞美也是批评）。然而，由于我是带着越来越多的怀疑在倾听，我不知道这次会谈是否值得我花时间。没错，人是重要的，但那天我需要处理的两个重要项目同样也很重要。

我再次奋力去求得清晰的答案。这一次，彼得说出了他一直以来的想法。这次的话题完全不同于此前的兜圈子。彼得对需要我支持的事情观点非常明确。他的语言变得极具说服力，让我开始专注地侧耳倾听。这就是声明意图的好处——作为人类，当别人说话时，思想和情感会在我们的头脑中翻滚旋绕。事实上，我们的大部分注意力和精力都用在了揣摩人的意图以及思考如何回应上。而把自己的意图说出来，会迅速穿透阻碍真正倾听的噪声和心理干扰。而这就是我看到的发生在我身上的事情。突然间，渗透到我脑海中的所有烦躁和负面情绪荡然无存，我可以专心考虑真正的问题了。不幸的是，我们花去了一个60分钟会议的将近55分钟才到达这一境界！

会议结束后，我们走出会议室。彼得对我说："会谈比我想象的要好。"

我回问："你什么意思？"

"你让人望而生畏，斯科特，"他接着说，"我本以为这次谈话会非常困难。"

哇！我刚才还为彼得缺乏语言组织和清晰表达的能力感到失望，甚至气愤。原来，他没有能够直奔主题、坦言自己的意图，部分原因是出于恐惧。我在猜想他当时心里应该是非常清楚自己想要说什么的，然而我以前的行为和名声很有可能给他留下了傲慢和威吓的个人形象。我不是在为彼得在会谈中的表现承担责任，我只是更注意到我的行为对于他人践行这个原则有着积极或消极的影响。

下一次你在谈话的过程中，如果遇到某些容易引起误解的事情，请记住《高效能人士的影响力法则》（*The Power Principle: Influence With Honor*）的作者布莱恩·李博士（Dr. Blaine Lee）的话："几乎所有（即使不是全部）的冲突，都来自不匹配的或者未能满足的期望。"要确保你希望人们听到和看到的是他们真实地听到和看到的。你的意思越不清楚，你对他人无法清晰表达的责任越大。

从混乱到成功：
表明意图

- 认真计算一下你在交谈一开始即表明自己意图的频率——你是否清楚地表达了自己的目的，抑或是你让别人陷入对它的猜测？
- 在谈话的前期，要让对方确认他们明白了你的意图。
- 思考你自己是如何令他人安心（或者不安心）地讲明其意图的。你应该不做什么，多做些什么，或者换个方式做什么？
- 回想一下你和他人的一段友好关系，其间你们相互尊重，但你怀疑对方误解了你的意思，或者没有完全理解你观点背后的动因。尝试与对方进行一次非正式的会面（比如喝咖啡），看看你是否能够在谈话中融入对自己意图的明确表达。
- 在表明意图时，确保它是真实的，并且是与你的行为相一致的。
- 表明意图可能需要一定程度的勇气，这对你来说或许有些不自然。但你最好努力培养这一技能，而不至于去面对因未能这么做所产生的后果。

第1天 保持谦逊	**第2天** 富足心态	**第3天** 先倾听对方	**第4天** 表明意图	**第5天** 信守承诺
第6天 掌控自己的情绪	**第7天** 激发信任	**第8天** 角色平衡	**第9天** 知人善任	**第10天** 经营关系
第11天 审视你的思维方式	**第12天** 进行高难度谈话	**第13天** 直言不讳	**第14天** 平衡勇气和体谅	**第15天** 表现忠诚
第16天 让人们敢于说真话	**第17天** 纠正错误	**第18天** 辅导潜能	**第19天** 防止团队疲于应对紧急情况	**第20天** 定期进行一对一面谈
第21天 允许他人聪明	**第22天** 创建愿景	**第23天** 明确至关重要目标®（WIGs®）	**第24天** 推进至关重要目标®（WIGs®）	**第25天** 确保系统支持使命
第26天 交付结果	**第27天** 庆祝胜利	**第28天** 做出高价值决策	**第29天** 引领变革	**第30天** 追求卓越

挑战5

信守承诺

你是否太多次未信守承诺而让你的信誉受损?
你是否犯了连续过度承诺的错?

我发现，做出承诺对我来说并不难。就在写这本书的时候，我已经承诺：

- 在 iHeartRadio 主持一档关于领导力话题的周播电台节目。
- 同步撰写或合著三本书。
- 每周发一篇博文。
- 为*Inc.*杂志的一个每周专栏撰稿。
- 主持一档周播网络访谈节目。
- 每天为电台和社交媒体制作一份有关领导力洞察的录音。
- 去本地教堂讲课。
- 领导一项筹款计划。
- 在一个营销委员会中供职。
- 不定期地为4到5人提供职业指导。
- 去健身房健身。
- 养育三个孩子。
- 鉴于上述所有因素，维持婚姻关系。

我还承诺了一大堆其他事项，其重要性也毫不逊色。个人的角色和生活会让你列出的单子与众不同，但我敢打赌，它最后会和我的差不多一样长。

这一挑战的核心问题是做出承诺和信守承诺。现在，我必须兑现每一项承诺——你也一样！不过我在这里坦白地承认：我至少会搞砸其中的一项。**我总是没完没了地过度承诺，却又不可能以自己期望的高水准兑现每一项承诺。你的情况如何？**

本书中的许多挑战都反映了我职业生涯的初期对于成功领导者的主观想象与客观现实之间的矛盾冲突。出于某种原因，本挑战是我需要不断重温的，因为我还没有把它完全弄明白。借用我一位同事的话，“原理我是完全理解了，可就是还需要把它应用到生活中去”。

鉴于我这些年来得到了各种高见，你一定会以为我应该把这个问题弄清楚了。甚至早在2007年，我在富兰克林柯维公司任一份新职时，一位同事就曾告诉过我：“斯科特，要少承诺，多兑现。”

就像大多数有先见之明的忠告一样，她的话时至今日仍然让我记忆犹新。

当时，我对这位同事的建议不以为然，因为我认为它所流露出的某些东西，有别于“不惜一切代价”这一职业道德。（事后看来，事实并非如此。）但我记住了她的忠告的精髓：不要承担太多，斯科特，要长久地维护你通过完成某些项目而建立起来的个人品牌，而另一些项目则可以放弃。只做你承诺要做的事，而且要让你的行动产生非同凡响的效应。

我习惯于过度重视积极的行动，而不太在意分辨哪些事情应该高质量地完成。并不是说我的工作很马虎草率——恰恰相反，我会坚持认为我的工作成果是不同凡响的。但仅限于我实际交付的成果。而现在即使是这部分也可能存在风险。在我的职业履历中，存在一些我承诺过却从未达成的项目（大多数人都忘记了，但愿如此）。**对于我来说，“说不”不存在什么问题。我整天都在说“不”。只是我更喜欢说“是”，尤其是那些在想法、影响力和独特性方面能允许我策划些大事儿的项目**。更何况，我脑海里会有一个声音悄悄地辩解说，即使我的未能兑现会让15%的人感到失望，剩下的85%也还是会认为我是明星级人物。

让我们与信任方面的国际顶级权威史蒂芬·M. R.柯维博士做个对比。史蒂芬现在很火：他的畅销书《信任的速度》已售出200多万册。尽管他每周要做数次的主旨演讲，而且在4天之内去4个国家对他来说也是常有的事，但是他对做出承诺这件事还是相当谨慎。和我不一样，他是个说话算话的人。如果他说“不”，他的意思就是“不”。如果他说“是”，就是“是”。他做事有头有尾。如果我能完成10件事情中的8个，史蒂芬能完成8件事情中的8个！

我最近去找史蒂芬商谈关于提高他的整体公众曝光度的问题，并且建议我们两个见面一起讨论一下如何加快他在一些主要商业出版刊物上的文章发表。他先说了句“不，谢谢”，然后带着谦恭与敬意（这是他的风格），他解释道，他之所以让自己作为专栏作家或者撰稿人的身份保持低调，并不是因为缺乏机会——曾经有许多出版社前来和他洽谈撰写专栏或文章，但他大部分都回绝了。他只是不愿意因为无法按期交稿或者不能交稿而让自己陷入令他人失望的境地。

如果你在某次会议上或者公司的活动中见过史蒂芬演讲，你会知道，除了他无可争辩的信誉之外，史蒂芬的另外一个特点是他认真周到的准备工作。他会近乎疯狂地研究客户，然后为客户量身打造适合他们特定文化和市场的演讲内容，同时倾听他们的需求，以确保他与客户在一起的时间能够产生深远影响。事实上，他回绝的演讲机会几乎与他所接受的一样多，因为之后的演讲活动可能会削减他用于为已经承诺的演讲做准备的时间。为了能让那些他已经同意与之合作的人得到他最好的东西，他简直是每天都在错失赚钱的机会。很少有企业和个人会对以牺牲先前承诺的完美兑现为代价的生意说不。我们当中有多少人没有说不，而是接受了这样的机会，结果损害的不仅是我们当前的承诺，还有刚刚做出的承诺？

引用与柯维博士合著《要事第一》（*First Things First*）一书的作者罗杰·梅里尔（Roger Merrill）的一句话："当你做出承诺时，你在构筑希望；当你信守承诺时，你在构建信任。"每个人在承担和出色地兑现承诺的能力方面，会表现出不同的承受能力。如果你发现自己处于过度承诺和过少兑现的窘境中，那么下一次你的同事、朋友或家人带着目的来找你的时候，你应该考虑表现出异常的克制。他们可能在不知不觉中试图推着你越过你的极限。我们行动的能力永远会超过我们出色地行动的能力。任何一个理性的人都不可能拒绝下面这样的回应：

我真的很想参与这件事，但我深刻地意识到，自己不想让您以及我已经对其做出承诺的其他人感到失望，所以我不得不拒绝您。如果我现有的承诺事项发生某些变化，我一定会联系您。非常感谢您对我的信任。

如果在那一刻难以做出上述回复，请牢记这个简略版的："请允许我稍后回复你。"这句简单的话会让你在请求和回应之间留出余地—— 一段容许你考虑你的承诺和你的可承担能力的时间。如果你不得不再次回复并予以拒绝，斟酌一份措辞考究的答复，与你一开始当场回绝别人的请求相比，会显得更善解人意些。

还记得我在我的承诺清单里列出的筹款计划吗？有好消息也有坏消息。好消息是，我完成了。坏消息是，他们没有！

这一挑战到此结束。我喜欢说"是"，但我有必要就此打住。一定要记住，完成8个中的8个比完成10个中的8个要好得多。二者的区别在于比率中的第二个数字，而不是第一个（而这才是核心要点）。

从混乱到成功：
信守承诺

- 选择一个你需要关注的项目或人际关系。
  1. 找出你在其间尚未兑现的一项承诺。
  2. 你怎样才能切实可行地将其坚持到底?
  3. 向当事人承认你意识到自己（尚且）未能实现承诺，并且就你是否愿意以及何时达成承诺重新调整期望值。
- 在面对下一次的“选择时刻”时，要主动并且礼貌地拒绝对方，以维护你的诚信。
- 认真检查你现有的承诺。实事求是地判断你是否需要取消其中的某些承诺。在你让别人感到失望并且进一步违背期望之前全身而退，或许是你最好的礼物。
- 确保你的承诺与生活的其他方面（工作、娱乐、健康、成长、外展活动等）保持平衡。

第1天 保持谦逊	**第2天** 富足心态	**第3天** 先倾听对方	**第4天** 表明意图	**第5天** 信守承诺
第6天 掌控自己的情绪	**第7天** 激发信任	**第8天** 角色平衡	**第9天** 知人善任	**第10天** 经营关系
第11天 审视你的思维方式	**第12天** 进行高难度谈话	**第13天** 直言不讳	**第14天** 平衡勇气和体谅	**第15天** 表现忠诚
第16天 让人们敢于说真话	**第17天** 纠正错误	**第18天** 辅导潜能	**第19天** 防止团队疲于应对紧急情况	**第20天** 定期进行一对一面谈
第21天 允许他人聪明	**第22天** 创建愿景	**第23天** 明确至关重要目标®（WIGs®）	**第24天** 推进至关重要目标®（WIGs®）	**第25天** 确保系统支持使命
第26天 交付结果	**第27天** 庆祝胜利	**第28天** 做出高价值决策	**第29天** 引领变革	**第30天** 追求卓越

挑战6

掌控自己的情绪

当你面对激烈争执和安静平和的局面时，
你的领导风格会给团队留下怎样的印象？

20世纪80年代，斯通·基扬巴德是一位半职业足球运动员，正处在即将晋升到乌干达国家足球联赛的转折点。在一场比赛中，一名对手球员故意弄伤了斯通的膝盖，顷刻间结束了他的足球生涯。斯通不得不重新审视自己的生活、财产和未来。他没有在自怨自艾中不能自拔，而是将自己对足球的热爱倾注于为乌干达坎帕拉市处于危险之中的年轻人训练和培养一支当地的足球队中。通过这项体育运动，斯通教导年轻人在贫困和暴力中成长为有责任心的、积极主动的成年人。30年后，这支球队发展壮大，而斯通则在世界各地分享他的正能量——希望和忍耐。

斯通作为“转型人物”（在打破消极行为和决策的循环中发挥重要教导作用的人）的一个模范出现在富兰克林柯维公司“高效能人士的七个习惯®”培训教程中的视频里 。（请访问ManagementMess.com网站观看这一感人的视频。）斯通的身上体现出了许多典型的领导者的特质，比如积极、果决、宽恕、远见、同情心和奉献精神。但我认为斯通展现出的最好的一个特质是“情绪的自我控制”。这一概念涉及的是我们对外界影响的反应程度。有情绪自控能力的领导者会实施情感自律，抵制诱惑，不让外界的剧烈动荡分散自己的注意力，从而掌控自己的情绪。

有谁不为此挣扎呢？我当然也是如此。情绪的自我调节是情商（情感成熟度）的重要部分。回看我的职业生涯，对我的前进道路的最佳总结或许是“前进两步，后退一步”。前进的方向没有错，但是它的输入部分——交付业务成果（前进两步）与我选择的输出内容——一天下来，我会变成一个令人讨厌的家伙（后退一步）相互竞争。我的个人形象是高度的成果输出和高度的冒犯他人——从未有过任何的违法、不合乎伦理道德或职业道德的行为，只是对一些事情总是本能做出反应，但如果我能稍微多一点自我控制，就不至于让我的声誉受损或为他人树立坏榜样。

除了斯通之外，我还认识另一个人。此人比我所遇到过的任何人都更能作为体现这一概念的典范，而他碰巧是富兰克林柯维公司的董事长兼首席执行官鲍勃·惠特曼（Bob Whitman）。现在，我知道你在想什么：这是一个我处心积虑设计的机会，去巴结那个既要审阅这本书又要查看我的薪酬计划的人。但如果你认为我靠写一篇热情洋溢（拍马屁）的对他领导能力的评估，就能对他产生影响，那你就错了。我多么希望那会是真的。尽管鲍勃的生活已硕果累累，但他也曾面临过巨大的挑战。他能够战胜这些考验，并且成为实施这一原则的典范，这让他的例子更加值得关注。

我在首席执行官办公室度过的时间已经有数千小时了，而鲍勃始终镇定自若。他的沉稳是我在任何人身上都未曾见过的，哪怕是在面对让我和大多数人都惊呆了的消息时。控制自我情绪并不意味着没有情感。鲍勃绝不像机器人那样冷血，他像我们所有人一样也会感到沮丧和烦躁。但他通过刻意的性情管理控制了自己的情绪。他的情绪很难受到搅扰，因为他的“情感航舵”与构成其核心信仰体系的主导价值观严格地保持一致，而且他从不允许其他的人或情境影响到这种一致性。鲍勃曾经对我说，一个真正的领导者的气魄体现在其外在表现与其内心思想的一致。天知道这有多难！这接近于完全的真实了。

平心而论，有时我是否希望鲍勃能更多地表达出真实的情绪？这是毫无疑问的。如果鲍勃在某些场合对一些人肆无忌惮的行为没有予以更加严厉的回应，我是否会对此感到难以置信？当然会，只要他不是冲着我来的。他始终是情绪自我控制的优秀榜样，无论是处于情绪的高潮还是低谷。

当情绪一触即发时，我们很容易忘记自己在回应的方式上还存在着选择的余地。上述“七个习惯”中的第一个习惯：积极主动（Be Proactive®），其核心思想就是，在我们所经历的事情与我们对其所做出的反应之间存在着一个空间。在这里，存在着我们选择如何回应的自由和力量。我们都经历过一些让你禁不住要去不假思索地做出反应的境况，而这些境况正是体现你能否情绪自控的时候。

想要做到情绪自控，你应当：

- 定义自己个人的和职业的价值观（这是在心情好和心情不好时你展现出的行为的根源）。
- 当遇到可能会左右你的情绪的情况时，停下来。深吸一口气，认真想出一个让你不必为此道歉并且不会伤到别人的回应。
- 有意识地推敲和质疑你的回应，以免事后因后悔而回来补救。要意识到大多数的瞬间反应并不能代表你一个小时后的感觉（更不用说一天了）。可以考虑这样说：“我可不可以用几个小时思考一下我的立场，以便它和我之后的想法和感受差不太多？”

- 不要让过度情绪化的人把你卷入其情绪的旋涡。并非每次谈话都需要你立即做出回应。有时简单的一句“谢谢分享”就足够了。

当你能控制自己的情绪天气时，请记住你是自己的气象员。如果不喜欢某种天气，那就改变它。

从混乱到成功：
掌控自己的情绪

- 找出一些导致你做出情绪化反应的人或情境。
- 当这些情况发生时：

  1. 采取如前所述的策略。
  2. 如果你需要更多时间来对某个情绪化的对话或情况作出反应，那就多花些时间。出去散散步，或是去做任何一种能让你从当下的情绪中脱离出来的活动。停下来，认真思考和评估具体情境或刺激因素，以及与真实的自己相一致的回应，然后再进行下一步。
  3. 如果你在草拟一份有难度的或者情绪化的电子邮件回复，一定要至少反复斟酌两遍之后再决定是否发送。可以想象这是一封写给你的邮件，然后对其进行重读和重写。

- 作为自己的气象员，你可以在计划日历中写下象征着当天心情的天气预报。要积极主动、有目的地选择你打算携带一整天的情绪天气。

第1天 保持谦逊	**第2天** 富足心态	**第3天** 先倾听对方	**第4天** 表明意图	**第5天** 信守承诺
第6天 掌控自己的情绪	**第7天** 激发信任	**第8天** 角色平衡	**第9天** 知人善任	**第10天** 经营关系
第11天 审视你的思维方式	**第12天** 进行高难度谈话	**第13天** 直言不讳	**第14天** 平衡勇气和体谅	**第15天** 表现忠诚
第16天 让人们敢于说真话	**第17天** 纠正错误	**第18天** 辅导潜能	**第19天** 防止团队疲于应对紧急情况	**第20天** 定期进行一对一面谈
第21天 允许他人聪明	**第22天** 创建愿景	**第23天** 明确至关重要目标®（WIGs®）	**第24天** 推进至关重要目标®（WIGs®）	**第25天** 确保系统支持使命
第26天 交付结果	**第27天** 庆祝胜利	**第28天** 做出高价值决策	**第29天** 引领变革	**第30天** 追求卓越

挑战 7

激发信任

回想一位曾经对你充满信心并且给予你信任的人，
思考一下这种信任所产生的持续影响。
你会对你的团队成员产生同样的影响吗？

信任是当今商业领域中最为津津乐道的一个话题。问你自己这样一个问题，*我是更容易信任别人，还是不信任别人？*你是天然地倾向于怀疑别人，还是能够做到对那些尚未完全“赢得”信任的人表示信任？正如亚伯拉罕·林肯那句名言所说的，“如果你相信，你会偶尔感到失望，但如果你不相信，你会永远感到痛苦。”

我一生中所取得的所有成功，都直接源于他人给予我的信任，并且在此过程中让我学到了某些领导者的品质。其中有几项会立即浮现在我的脑海中：

- 责任——简·贝加拉。简是我童年时代的邻居。在她要去上大学的时候，出于对我足够的信任，她把位于当地农贸市场的她心爱的面包房交给我打理。我经营了几年，并且在高中时期赚得了一笔不菲的收入。
- 当领导的渴望——山姆·罗密欧。山姆是我12年级的老师，也是学生政府协会的发起人。他相信我，支持我，并且鼓励我参加（并赢得）学生会主席的选举。（我的竞选主题是“米勒时代来临”，显然未经米勒酿酒公司许可）。
- 勤奋工作 —— 帕特里斯·霍比和她当时的丈夫比尔·霍比。他们一起帮助我成为我们县最年轻的持牌房地产经纪人，并且激励我在20岁时成功售出了首个地产。他们还把自己的公司、房子、汽车……几乎所有的东西都毫不怀疑地托付给我。坦率地说，我有时会利用他们的信任（这么说吧，某次大学时代的派对或许应该或者不应该安排在他们家的场所——所谓“场所”，我指的是他们家昂贵的联排别墅）。他们继续相信我，哪怕是在我不配被信任的时候。

- 远见——弗兰克·史丹斯伯里。弗兰克是我大学的公共关系教授，也是我的死忠粉。他鼓励我尽早获得在迪士尼实习的机会，而这次机会最后变成了我的第一份全职工作。
- 引导年轻人——德博拉·克莱辛根。德博拉是我在迪士尼开发公司的第一位领导。她对我非常严苛，但我认为她更喜欢的是我将来有可能成为的那个人，而不是当时的我。她对我投入了极大的信任（恐怕有时是盲目的），而我整个的事业都要归功于她。
- 展现出勇气——比尔·贝内特。比尔是一位比我自己更相信我的领导。你会在挑战15（表现忠诚）中再次见到比尔登场。

对于曾在我的生命中给予我极大信任的人，我可以很轻易地列出几十个。我想，在我开始写这一章之前，我从未充分地意识到这些人对我的价值。

其中有一个人我想要特别强调：鲍勃·金敦。他曾担任我们公司国际业务的领导，将富兰克林柯维公司英国办公室从被授权的地位转变为公司所有的形式。在这一行动中，我们面临一系列难题：重建持续了20年的流程，与数十位客户沟通，雇用销售人员，维持和增加收入，以及重建系统。

鲍勃显然观察过我在教育事业部的表现，于是他给了我一次从犹他州调到英国去的机会，目的是协助英国办公室的转型工作。我的兴奋无以言表。这是那种听上去像是天方夜谭的事情，我不敢相信会发生在自己身上。我的心里夹杂着荣幸、感到被重视、卑微和欣喜若狂的情绪。

我在英国待了大约9个月时间，制造出了一大堆管理上的混乱，每次想起这事儿我都不寒而栗。我猜那就好比是20岁的托尼·罗宾斯（注：美国著名励志演讲家、潜能开发专家）来到一个英国乡村小镇，闯进一间办公室，里面坐着39个一本正经、循规蹈矩的专业人士，所有人都在纳闷到底发生了什么。一个名叫斯科特的旋风式人物，带着一种要把人累死的“我能做任何事情，你们也可以”的美国人性格，刚刚从天而降，而且看上去难以被遏制住。

我每天都要参加多个客户会议，而事实上当时我有好多会议都迟到了，甚至是彻底没赶上，不过是因为我驾驶着一辆方向盘在左侧的手动挡汽车逆行，还拼命地想在环形交叉路口和双向车道（公路的一个怪名字）当中寻找方向。

尽管我没有在路上引发交通混乱，但我却在办公室里搅扰着每一个工作程序。创建邮件推销活动，组织客户参与的大型活动，基本上是在挑战着现状中的所有方面。事后来看，我刮起的旋风无疑制造了一些动力，但目的是什么，我却并不完全清楚。

我在英国的那段时间里所获得的成长是无法估量的，尽管当时大部分时间都处于我难以招架的窘境。然而这对鲍勃来说似乎无关紧要。我当时并不知道他实际上是在栽培我——不仅仅是为了英国办公室的转型，也是为了公司的未来。当然也是为了我的未来，因为伟大的领导者会这样做。他给予我的信任超过了我应得的，而这种信任所产生的持久影响力，对我自身领导力的发展也大有裨益。只要有机会，我就会努力赋予团队成员以信任，就像在我的人生中他人将其赋予我一样。

从混乱到成功：
激发信任

- 我要交给你一项任务——这项任务意义之重大，足以促使我为它专门准备了后面的两页纸。许多作者可能会建议你花些时间去做后面的练习，不过无须在读那本书的同时做。但是我想恳请你在这里立即就做。不要去理会别人曾给予你的不要在书中乱写乱画以及在墙上乱涂鸦的谆谆教诲。这是我们的书，我们允许它有点凌乱——毕竟，这是我的专长。
- 你会注意到这后面的两页是空白的，上面只有一些项目符号。在第一页上，我希望你列出你生命中所有曾给予你信任的人（按照我在第62—63页上的方法，写出他们的名字）。在这些名字旁边，写下他们的信任对你意味着什么，也许它们现在的意义已经超过了从前。

- 当你完成这份清单后（如果你对此很投入，这个清单应该很长），请填写下一页。在这里，我鼓励你列出你的团队、部门、组织、家庭、社区等当中的人的名字。在他们的名字旁边，写出你打算以怎样的方式给予他们信任—— 一些你未曾做过的事情。写出在得到你的信任之后，他们有可能会做得非常出色的行动、想法或项目。内容要具体。
- 现在，去赋予他们信任吧。即使不利的因素再大，恐怕也不会比将我派往转型中的英国办公室的决定更糟糕。

曾经给予我信任的人

-
-
-
-
-
-
-
-
-
-
-
-
-
-
-
-

我打算给予其信任的人

-
-
-
-
-
-
-
-
-
-
-
-
-
-
-
-

第1天 保持谦逊	**第2天** 富足心态	**第3天** 先倾听对方	**第4天** 表明意图	**第5天** 信守承诺
第6天 掌控自己的情绪	**第7天** 激发信任	**第8天** 角色平衡	**第9天** 知人善任	**第10天** 经营关系
第11天 审视你的思维方式	**第12天** 进行高难度谈话	**第13天** 直言不讳	**第14天** 平衡勇气和体谅	**第15天** 表现忠诚
第16天 让人们敢于说真话	**第17天** 纠正错误	**第18天** 辅导潜能	**第19天** 防止团队疲于应对紧急情况	**第20天** 定期进行一对一面谈
第21天 允许他人聪明	**第22天** 创建愿景	**第23天** 明确至关重要目标®（WIGs®）	**第24天** 推进至关重要目标®（WIGs®）	**第25天** 确保系统支持使命
第26天 交付结果	**第27天** 庆祝胜利	**第28天** 做出高价值决策	**第29天** 引领变革	**第30天** 追求卓越

挑战8

角色平衡

假如上个星期狗仔队跟踪了你，
他们能否看到你平衡的工作和业余活动？
平衡与否会产生怎样的影响？

在企业界有一个到处流传的秘密，名曰“工作/生活平衡”。这一说法是你需要将其作为一项必不可少的企业价值观来谈论的。然而这里的秘密在于，大家其实是口是心非，不太当真。每个人都心知肚明，虽然我们会在公开场合高谈阔论如何合理安排自己的时间和注意力以达到工作和私人生活角色的有效平衡，但如果你**真的**想要成为一名成功的领导，你要投入尽可能多的时间，你需要是那个第一个到办公室并且最后一个离开的人。平衡生活，见鬼去吧。那些认为现在的潮流已经转变了的人请听好，根据2018年发布的一项名为“业余时间调查项目”的研究，24%的美国人表示他们在一年多的时间里未曾度过一个假期，52%的人声称2017年年底时自己尚有未用过的假期。

事情并非一直如此。30年前，我的父亲是一家财富500强企业的中层领导。在我的记忆当中，他的办公室在傍晚时间打电话到家里找他不过一两次。他的老板从未在他回家后给他打过电话。20世纪90年代初以前，无论你是什么级别，离开办公室的时候，你的工作就已经完成了。当然，你还会想着工作的事，但在下一个工作日之前你不必去关注（周末的时候你肯定不会把注意力放在工作上面）。

这些年来，我们似乎失去了这种老派的智慧。在我看来，如果没有业余时间里用来充电和恢复活力的活动，你就不可能感到“身心健康”（whole）、“幸福满足”（fulfilled）。而如果你在生活的多个方面都不能感到满足，那么你在工作中可能就会效率低下。一些研究甚至将积极活跃的性生活与提高工作满意度和工作投入度联系起来（说明一下，不是说在工作中进行积极活跃的性生活）。关键是，你的满足感越高，你的效率就越高。而你的工作效率越高，你的工作时间就会越少。相反，你越不快乐，你的工作效率就越低，因此就需要你花更多的时间在办公室里来完成工作。是恶性循环还是良性循环，取决于你自己的选择。

我花了很长一段时间才最终弄明白这一点。我已经驾轻就熟了吗？还差得远呢。我有条件反射式地说“yes”的习惯，我会接受大跨度的职位提升，接受在世界的另一端做主题演讲的邀请，等等。说实话，“得益”于技术，实现工作/生活的平衡从未像现在这样艰难，而且这种情况只会变得越来越糟。工作和生活之间的界限大都变得模糊不清。当然，我知道有些人自豪地宣称他们会坚定不移地遵守工作/生活之间的明确界限。然而，在晚餐后逐项查看账单并且支付41%（因为你喝了两杯酒，而他们只喝了一杯）的，也是这些人。我衷心祝愿他们在坚定的平衡承诺方面一帆风顺。**账单分开，好吧……最好桌子也分开。**

几乎每家私营企业都需要在全球范围内进行竞争，因此我们只会越来越期望利用科技来保持联系并参与其中。通常，作为对持续随叫随到的交换，我们中的许多人都获得了更灵活的工作环境。事实上，许多公司已经对受薪员工采取了灵活的休假政策：“按需选择假期，但要保证能交付成果。”

听起来像是一种合理的针锋相对。但请原谅这个用语，我敢打赌，其中的“锋”（“但要保证能交付成果”）要胜过“针”（“按需选择假期”）。在过去一年中，有多少人的假期超过了10天（不算法定假期）？我可以告诉你我没有，而且并非因为我想不起来要去哪里或者要做什么。我要么是出于习惯应诺别人，要么是在认为请假会降低而绝不会提高我的工作效率的错觉下继续工作。欢迎来到我的管理乱局。我意识到这种模式可能更多是以美国为中心，但世界其他地区的竞争也很残酷，所以还是多花些心思在事业上吧。

我们称这一挑战为“角色平衡”是有原因的，并不只是“倡导”这一理念。如果领导者自己没有生活，他们不仅在团队成员眼中显得可怜，而且也会为其他人的行为设定一个非常低的标准，无论是有意或无意。

不要忘记，这是你的生活，所以不要把它全部用在工作上。引用无数人说过的话，没有人在临终前希望自己以前能在办公室呆更长时间。没有人能规定怎样的平衡才是正确的，一切由你决定。每个人都有不同的价值观（个人的和职业的），不同的职业生涯阶段、经济需求、技能、恐惧，等等。不要让别人插手你认为有价值的东西。我觉得没有必要占用你的时间来进一步宣扬**为什么**要保持平衡，以及为什么要在生活中从容不迫。基于所有前人的经验，这个道理对我们每个人来说都是显而易见的。我现在想要花时间谈论的是，作为领导者，为什么在此方面为他人做榜样对你来说很重要。

除了是对自身的投资外，你所做的示范很可能会在你的同事身上再现。你的员工需要知道休假对他们来说是安全的。无论你是否认为自己的行为会转化成他们的，请相信我，它确实会。你的团队成员会基于你的言语和行动来判断什么可以接受，什么不可以。如果你真的希望自己的员工能有一个平衡的生活方式，以便他们能够在工作环境中振作精神，目标清晰，工作效率提高，你就必须以身作则。

生活的平衡不一定意味着就要去度假。领导者需要抽出时间投资自己，培养爱好，维护自己的健康和人际关系。同时，我们也需要变得更多维，不要让工作限制住自己。生活中我们都曾经历过一些更侧重于事业的阶段——这没什么错，只要它仅限于某个阶段。要记住，阶段是会结束的，或者说至少应该如此。

永远不要找这样的借口：一旦休假，你就会在返回时面临更加令人发怵的工作量。可能对于我们来说的确如此，但这种蹩脚的逻辑同样适用于洗澡——永远不要洗澡，因为你还会变脏的。

如果你真的不想度假，或者真的度不起假，那也不是什么丢人的事。一些单身人士或社交圈很小的人，可能不希望独自旅行。还有一些人财务压力大，显然不愿意在预算中强加一个假期来增加已有的压力。这是你自己的事，但不要让这些成为你被陷在工作中的借口。宣布你要休息一星期，然后转身离开。可能实际上是一次“宅假”，那也无妨。宅在家里，画画，学习用钩针编织。只是不要给任何同事打电话、发短信或电子邮件。请记住，你的团队成员也会从“老板休息”中受益。

最有可能的是，不休假会让你看起来很可怜。人们会谈论此事。

这对你的个人形象来说是很糟糕的事。更糟糕的是，你的团队会对你的工作失去兴趣。（谁会想像你一样呢？）你最好消失一个星期，然后撒个谎说是去罗马度假了。说到这儿，批评我鼓励你们撒谎的邮件就会来了，但如果谎言能让你离开办公室，收到一大堆这样的邮件也是值得的。

从混乱到成功：
角色平衡

- 要认识到最有影响力的人都拥有平衡的生活方式。
- 列出能让你达到更好的平衡的、易于实施的事项。
- 与团队成员公开讨论每个人在发展事业和享受生活的过程中所面临的真正压力。让每个人都能安全地获得实现这两个目标所需要的时间。
- 要接受这样一个事实：平衡工作和生活对你而言也是一种挑战。每个人都渴望看到自己领导身上真实的、与员工相通的一面。
    1. 就一些便于观察的显示工作和生活平衡的行为，与团队集体讨论。然后鼓励并实施这些行为。
    2. 如果同事们感到事情在任何一个极端方向上过了头，鼓励他们做到开诚布公。
- 抽时间去恢复活力，并且鼓励团队成员效法。
- 热情欢迎他们归来，对他们在假期期间所做的事、学到的东西或者感受到的快乐表现出真实的兴趣。

第2部分

领导他人

LEAD OTHERS

第1天 保持谦逊	第2天 富足心态	第3天 先倾听对方	第4天 表明意图	第5天 信守承诺
第6天 掌控自己的情绪	第7天 激发信任	第8天 角色平衡	第9天 知人善任	第10天 经营关系
第11天 审视你的思维方式	第12天 进行高难度谈话	第13天 直言不讳	第14天 平衡勇气和体谅	第15天 表现忠诚
第16天 让人们敢于说真话	第17天 纠正错误	第18天 辅导潜能	第19天 防止团队疲于应对紧急情况	第20天 定期进行一对一面谈
第21天 允许他人聪明	第22天 创建愿景	第23天 明确至关重要目标®（WIGs®）	第24天 推进至关重要目标®（WIGs®）	第25天 确保系统支持使命
第26天 交付结果	第27天 庆祝胜利	第28天 做出高价值决策	第29天 引领变革	第30天 追求卓越

挑战9

知人善任

你的团队中有多少人在正确的岗位上工作?
你需要做出调整吗?

知人善任往往要比表面上看起来更复杂。管理人才就如同下国际象棋——战略执行了，现实却有变，于是你的周密计划可能会因走错一步而彻底失败。如何安排人员角色往往是你工作中最为复杂的部分：雇用什么人，拒绝什么人，提拔什么人以及将其放在什么位置上，何时再度变换他们的岗位，何时保持不变，以及你是否需要鼓励他们（或直接告诉他们应该）离职。

你可能见到过，当一个才华相当于国际象棋中的“皇后”的人，被困在“车”（或者比这更糟糕的“卒”）的角色里，会出现什么情况。我认识一个人，在我看来，是我所见过的最接近于天才的人。我并不是指那种长着专门用来研究量子物理的大脑的天才，而是有着无穷无尽的创造力和奇思妙想的天才。这位经验丰富、极具魅力的同事（布兰登）在同一家公司里至少担任过4个不同的角色，领导4个不同的团队。说得文雅一些，他还有一份战绩，那就是一贯地缺少成功。尽管他总是善意的，满怀超乎想象的热情，有着清晰的愿景，以及甚至连我也深受鼓舞的职业道德。（我可是被冠以“劲量兔子”绰号的人，哪怕是在下午5点之后！）但布兰登从来没有被放在正确的位置上。

你可能认识某个处于同样处境的人——职位和能力错位，或者没有遇到能把这些人的力量集中到至关重要项目上的领导。如果一个人一直处在不适合他的职位上，他往往会频繁地更换岗位（并不是因为他完成了任务）。我能回想起我在工作中遇到的许多例子——有些是成功的，有些是失败的，但所有这些聘用和提供晋升机会的初衷都是好的。

- 一位工作了20年的同事，业绩优秀，但大多情况下默默无闻，直到有位领导把他调去参与公司的一项重要计划，而且这项计划能够充分利用其深厚的专业技能和知识。这位同事的优异表现让他获得了前所未有的有利的职业曝光度。
- 一位成功发起过众多计划的高能个人贡献者，在转而承担一份责任更大的领导职务后，目前在如何获得对其直接下属的影响力上焦头烂额。
- 一位新晋升的个人贡献者，目前正在领导以前与自己同级的同事实施公司范围的重大改进项目。
- 一位在某个部门业绩优秀的老员工，被一个不同类型的领导聘请担任类似的职务。由于这位新领导能够为其提供更富刺激性的挑战和方向，这位同事的影响力和信心瞬间飞速提升。
- 一位在其领域中获得各种认证的技术专家，从未完全融入企业文化，也从未理解企业的商业模式。他们在职的时间很短，并且将自己离职的原因归咎于他人，然而其实他们本可以通过更好的合作及领导的指导获得有分量的影响力。

商业作家兼领导力专家吉姆·柯林斯（Jim Collins）在其《从优秀到卓越》（*Good to Great*）一书中有句名言："让正确的人上车，让错误的人下车，并且让正确的人坐在正确的座位上。"**建立一个成功**

的团队能够成为你作为领导者的一笔最大的遗产，却很少能在当时得到认可或回报。事实上，或许只有在团队解散或你调任新职之后，你才会因此而获得赞誉。

领导者所面临的挑战是，没有捷径可以保证你能知人善任，为正确的位置找到正确的人选（至少在我的认知范围内）。在我看来这是类似于“马鞍上的岁月”的事情，也就是说，它需要你经历很多错误，甚至从马背上掉下来。你得自己爬起来，重新握紧缰绳。这种技能并非与生俱来——没有任何训练班或者最佳实践列表让你去照着做。它是艺术，不是科学——你需要通过学习和实践才能获得。我认识公司里的一个人，她在公司工作了15年，而她目前所在的是她的第7个职位。所有人都一致认为，这第7个职位是最适合她的。谢天谢地，我们（和她）经过一段时间终于把这事弄明白、做对了。这并不意味着这个人以前所承担的角色是错的，只是说她完全找到了自己的风格，她是坐在那个正确位置上的正确的人，而公司也因此获得了极大的回报。同时，现在的她似乎比我见过的任何时候的她都更有成就感，更受器重，更快乐。

为了加速将正确的人置于正确位置上的进程，请认真思考以下问题：

- 这个人有哪些技能和强烈的爱好，什么类型的团队可以对此进行充分利用？
- 什么样的领导者会帮助这个人茁壮成长并充分发挥其优势？

- 这个人感到与何种性格的人难以共事，你是否能提早处理这种情况，让此人能安心地与你谈论这一问题，以确保成功？
- 哪些系统和流程可以帮助这个人在其新的职位上取得长足进步？他是习惯于单打独斗，自己解决问题，还是习惯于利用大型基础设施和深层资源？
- 这个人在新的职位上会感受到怎样的文化？他是否有足够的灵活性和适应能力，能够融入到一种强大的文化当中，或者他是否有足够的影响力来领导和培养一种新的更好的文化？
- 此人是否是从个人贡献者转变为领导角色的？他们是否能够发现，能放弃并且一些曾经帮助他们成功的特质，并且学习新的用以激励和领导他人的技能？你是否能够协助指导这个人，并且帮助他取得成功？
- 你在这个人身上注意到有哪些看似微小的、自我挫败的性格特征？通过周密大胆的训练，能否让这些特征最小化，甚至将其变成一种优势？
- 在你自身的风格方面可以进行哪些改变，以更好地确保其在新职位上的成功和影响力？

成功的领导者常常会发现自己很像是一个商界的网络红娘——他们热情接纳做媒人的艺术，将正确的人引介到正确的位置上。我的这种能力可谓来之不易，它是在我正式走上领导岗位10年之后才真正获得的。许多领导者需要走一段弯路，才能最终成功到达这一目的地；关键问题是，在低“离婚率”的前提下，你能多快到达。

在我们谈论这个话题的同时，问问自己：“我是否正处在正确的位置上？我是怎么知道的？是否有另外一个部门、团队或领导可以更好地发展我的技能，扩大我自己的影响力？”不要不情愿去问自己这些问题，甚至可能更重要的是，问你的领导这些问题。

从混乱到成功：
知人善任

- 找出某个人的真正激情和优势，以便你能将其与业务的需求相匹配。
- 利用本挑战中列出的问题，来评估某人是否能胜任某个不同的角色。
- 寻求他人对你的观察和意见的看法。
- 针对个性、情感成熟度、自我意识等方面，进行大胆的对话。（顺便说一下，太多的领导者会跳过这一项，而直接进入下一项。）
- 要拿出勇气去补救错误的安排。

第1天 保持谦逊	**第2天** 富足心态	**第3天** 先倾听对方	**第4天** 表明意图	**第5天** 信守承诺
第6天 掌控自己的情绪	**第7天** 激发信任	**第8天** 角色平衡	**第9天** 知人善任	**第10天** 经营关系
第11天 审视你的思维方式	**第12天** 进行高难度谈话	**第13天** 直言不讳	**第14天** 平衡勇气和体谅	**第15天** 表现忠诚
第16天 让人们敢于说真话	**第17天** 纠正错误	**第18天** 辅导潜能	**第19天** 防止团队疲于应对紧急情况	**第20天** 定期进行一对一面谈
第21天 允许他人聪明	**第22天** 创建愿景	**第23天** 明确至关重要目标®（WIGs®）	**第24天** 推进至关重要目标®（WIGs®）	**第25天** 确保系统支持使命
第26天 交付结果	**第27天** 庆祝胜利	**第28天** 做出高价值决策	**第29天** 引领变革	**第30天** 追求卓越

挑战10

经营关系

你是否信奉这样一条原则：
与人打交道，慢即是快，快即是慢？

设想你在自己最钟意的酒店里吃自助早餐。一块平淡无奇的吐司经常被放在不冷不热的丹麦酥皮饼旁边，等待被烘烤。大一点儿的酒店里，单单一台烤面包机是不够的，他们需要一台履带式烤面包机。你把面包往金属架上一放，大约45秒钟后，烘烤得很漂亮的面包片就会落到底盘上。

这个程序在我这里从未成功过，一次都没有。

为什么？当轮到我把面包放进去的时候，我会本能地把旋钮设置到最快的速度。我并不是想要烤得不是那么熟的吐司，只是在化学上、生理上或者物理上，我都无法忍受站在一台慢得要死的机器面前，看着它以一种令人感到枯燥乏味的速度突突地转动。我把它调到最大，试图让它快点儿，结果出来的却是（惊喜！）稍微加热的面包。

欢迎来到我的人际关系王国。打个比方吧，**我把大多数遇到的人都放在了一个烤面包机里，然后把它拨到“快速”挡。像对待吐司一样对待人，这一直是我冲动、鲁莽、高效的个性。猜猜结果怎么样？一地面包屑**（令人讨厌，英语中crumby是双关语）。

值得庆幸的是，我从恰克·范思沃斯那里学到了要留出时间来经营人际关系这重要的一课。恰克是我的第一位公司领导和导师之一。事情发生在我职业生涯的早期，当时我还是为公司教育事业部工作的一线销售员。当时我负责向学院和大学推销领导力培养方案，而恰克是公司的联合创始人兼副总裁。我们与俄亥俄州立大学的行政副总裁及其团队共进晚餐。这位副总裁当时正处于事业的巅峰：她来自一家财富50强公司，在美国首屈一指的大学里负责经营实体工厂、培训地勤人员，并且担任无数其他职位。

我的计划很简单：将烤面包机摇到“快速”挡，竭力促成这笔巨额的订单。我说巨额，绝不是夸张——这对我们公司教育事业部和我个人来说，都是一笔大买卖。幸运的是，我当时是个20岁出头的推销员，浑身洋溢着个人魅力和过度的自信，想把这事儿搞定。落座之后，我开始为我们这群人点开胃菜。根本没必要浪费时间去弄清楚每个人想要吃什么（或者可能对什么东西过敏）。一切尽在我的掌控之中。我就是一枚制导导弹，架设好了准备“卖”东西。现在回想起来，我不得不感到好奇，那些经验丰富的团队成员当时是如何看待我的。

我即刻开启了商务会话，希望促成对这桩悬而未决的生意的口头承诺。然后，在我刚刚开始自己技艺高超的套路之际，我清楚地记得恰克在桌子下面将手放在我的膝盖上，还使了点劲，十分恰当地防止我做出蠢事。我刹住闸，虽然尚不清楚恰克的意图，但感觉到自己出了岔子。然后，他轻而易举地将谈话内容转向了双方共同感兴趣的话题，各自的家庭，以及任何一个能让我们与客户真诚沟通的领域——那些与预期的销售毫无关系的领域。我们最终是否签下了这笔订单，还是让我留给你自己去猜吧。

恰克是一位挤出时间培养人际关系的大师，不是因为他圆滑、狡黠或老到，而是因为他真正关心他人——他们的成功和难题。他的销售理念很简单：在更多地了解他人及其需求的过程中，如果卖给他们一个我们的解决方案能够帮到他们，那就好极了！我们就可以达成协议。如果不能，我们就此别过，并且或许我还可以推荐另外一个可能提供更合适的解决方案的公司。在经营关系方面，他绝对是我所认识的人当中最有效的一位——而这是每个领导者都应具备的技能。

需要澄清一下，这一挑战于我如此艰难并不意味着我天生就不重视人际关系。我只是喜欢快速推进关系！同时，我也绝不会为我在生活中的高效道歉。坦白说，我喜欢把事情做成功。我享受拼命工作并且推动他人取得巨大成就的过程。我爱那些最后期限，而且在众人眼里，我是一个会以令人讨厌的紧迫感完成工作的人。我可能永远不会被请去发表悼词或者感恩节祷文，但我会是第一个被叫去帮助疏散一栋着火的大楼的人。事后你可能需要接受治疗，但我保证会让你活着出来！

当与他人相处时，我仍然在学习如何慢下来。正如柯维博士常说的，“与人打交道，慢即是快，快即是慢”。

下面这个例子可以说明这条原则曾经对我产生的深远影响。每天早上我都会在我家附近的一个酒店礼品店买几份报纸。在店里工作多年的那位女士就是那种我称之为老于世故加愤世嫉俗的人。一大把年纪，操着说不清哪里的口音，她似乎早就应该退休了。我们的习惯是，彼此寒暄一番，与此同时她扫描一遍报纸上的条形码，刷我的银行卡，并且评论一番所有的东西都多么的贵。我会报以一个短瞬的微笑，然后快步走出去。

有很多次，我看到这个女人在刷卡机前束手无策，对顾客爱答不理，或者在有人想要退货时表现出心烦意乱。事实上，这种情况频繁发生，导致我感到越来越恼火，在我看来这就是因为她缺乏能力并且态度不佳。我甚至考虑向她的经理建议，也许该让她“另谋高就”了。

然后有一天早上，我们正在走着常规的过场，这位女士宣布之后的一天将是她的最后一天：她终于要退休了，终于可以搬回法国和女儿住在一起了。我对此有点惊讶（我不认为她的口音是法国的），但我的“快速”程序设置敦促我回到自己的早晨常规事务中去。我快速地嘀咕了些类似祝贺的话，然后转身离开了。

那天我又思考了几次我们之间短暂的对话，不太清楚为什么这种交流会始终萦绕心头，甚至一直到傍晚。与人打交道，慢即是快，快即是慢。在这无数次的相遇中，我对待这位女士的唯一方式就是快。我不知道这其中的代价是什么。

第二天早上，带着同理心，带着“高昂的情绪”，我和我8岁的儿子在一家比较酷的杂货店里买了一束花，然后驱车去那家酒店礼品店。我们一走进店里，我儿子就把我们精心准备的礼物递给了她。很显然她有些错愕。然后我第一次真正地倾听她讲述。在为人际关系留出时间的那个短暂的时刻，我在5分钟内了解到的事情，比过去的一年还要多。她一反常态地透露，那个月她就步入80岁高龄了，她在酒店工作了13年，50岁开始就住在美国。她出生在罗得西亚（现津巴布韦），以一个白人女孩的身份在一个黑人占多数的文化中成长。她分享了自己的父母如何灌输给她一种坚定不移的职业道德（这就是为什么她依旧在工作，尽管她很久以前就可以退休了），以及她如何在10岁的时候用自己的钱购买了第一辆自行车。她很高兴能回法国和自己的女儿待在一起，但她接着又说（眼泪顺着她的脸颊流了下来），她承认自己对未来有诸多恐惧。

她的故事（我在此无法充分讲述）最终刻画出一位有着非同一般生活经历的了不起的女人。因为我甚至从来都没有想过要慢下来为她花些时间，我错过了一段本该更有意义的人际关系，哪怕只是每天早上的几分钟。但至少，我们并没有以那种方式道别。

每天早上，当我在那家礼品店买报纸时，我发现自己都会默默祝福她过得好。

20年前，我的不可救药的“快节奏”模式可能会顽固不化。但今天我正在努力改变（并且尝试着与我的3个儿子分享这一课）。

真正的人际关系要求我们放慢速度，哪怕周围的一切都要求我们走得更快些。但就像烤面包片（或者没烤成功的），为了成为一名有效的领导者（和父母），我们需要花时间去把它做好。

从混乱到成功：
经营关系

- 问自己一个问题："快速"是否是你的默认模式？如果是，那么它是否减损了你和他人本应得的东西？你的效率思维是否削弱了对你更有益的有效思维方式？
- 要明白根本不存在"有效率地"建立人际关系这样的事。信任、尊重和融洽需要时间和投入。
- 要刻意地慢下来并以他人喜欢的方式与其建立良好关系。
- 要经常询问团队成员或同事的近况，并且真心倾听他们的回应。适当的时候，真诚地探求他们的答复。
- 理解自己关于时间的判断：
    1. 对于那些在你看来无法与生产率或价值相提并论的人或情况，你是否会给予时间？
    2. 你交流的重点是收集信息，还是巩固关系？要致力于让自己二者兼得。

第1天 保持谦逊	第2天 富足心态	第3天 先倾听对方	第4天 表明意图	第5天 信守承诺
第6天 掌控自己的情绪	第7天 激发信任	第8天 角色平衡	第9天 知人善任	第10天 经营关系
第11天 审视你的思维方式	第12天 进行高难度谈话	第13天 直言不讳	第14天 平衡勇气和体谅	第15天 表现忠诚
第16天 让人们敢于说真话	第17天 纠正错误	第18天 辅导潜能	第19天 防止团队疲于应对紧急情况	第20天 定期进行一对一面谈
第21天 允许他人聪明	第22天 创建愿景	第23天 明确至关重要目标®（WIGs®）	第24天 推进至关重要目标®（WIGs®）	第25天 确保系统支持使命
第26天 交付结果	第27天 庆祝胜利	第28天 做出高价值决策	第29天 引领变革	第30天 追求卓越

挑战11

审视你的思维方式

你对他人及形势的看法是否准确?

人终其一生都生活在谎言里。有些是无伤大雅的小谎言，趁你在看电视剧或者在电影院看电影的时候，溜进你的耳朵。对于以这种方式被欺骗，人们并不介意——甚至于还为此炮制了一个专门的术语："质疑暂停"（suspension of disbelief）。我们与导演之间达成了某种协议：如果你能保证让我开心，我就保证不再怀疑是否有外星人和能够单枪匹马拯救宇宙的英雄。我们将这些小谎言视作一种无害的娱乐，从而接受了它们。另外一些是比较大的谎言。我们在谈论他人和他人的意图时，会经常说出这样的谎话。针对这类谎言也有一个专业术语："基本归因错误"（fundamental attribution error）。我们之所以允许这些较大的谎言进入生活，原因之一是我们没有能够跳出自我停下来检查自己的"思维方式"。

柯维博士让"思维方式"成为一个大众化的词汇。这个词的词源来自希腊语*paradigma*，意思是形式、模式或某事物的表现形式。一个人的思维方式是指这个人借以看待每个人、每件事（包括自己）的观念、参考框架、世界观、价值体系或角度。这一切为我们周围的世界附加了或真或假的含义，影响着我们对自己所看到和体验到的事物的理解，以及我们与他人之间的互动和交往的方式。

我曾经有一位在电影界获得过众多殊荣的相当成功的朋友。她主要从事电影和电视制作方面的工作。这位朋友曾经无意间说过一句话，不过我确信她肯定不记得了（尽管这句话的馈赠者可能并不像它的接收者那么郑重其事，但是她的这句话已经让我整整琢磨30年了）。

当提到一位崭露头角的演员时，她说道："他还是个无名小辈的时候，我就认识他了。"这句话我也听到过她反复用来谈论其他演员。

我想说的是，让我无法释怀的并不是她的话显得异常地不友善，而是这句话暴露出了她的一种思维方式。在她的职业生涯中，我的这位曾经的朋友曾与众多知名人士合作过。其中许多知名人士最初都是常言所说的"穷困潦倒的艺术家"。在经历一番打拼最终获得名气和财富之前，他们只能在社区剧院里表演，过着朝不保夕的生活（不像你和我，我们这些人无需艰苦奋斗或者工作经验就能迅速进入高级管理层；我强烈推荐第二种策略——请发送邮件至scott.miller@franklincovey.com，跟我讲讲你是如何有效运用第二种策略的）。她所持有的思维方式似乎是认为，没有人是真正靠努力获得成功的。这些人成功的原因与事业起步时一样。这种想法是很荒谬的，因为我们都是从某个位置上起步的，除了皇室之外。而且我的理解是，许多人都希望走出原点。这种思维方式的力量塑造了她对许多自己所认识的人的想法、行动和信念。她的思维方式固定在一个人"起步"时的样子上，而不是其最终成为的那个人。我也曾陷入过同样的局限性陷阱，而那一刻我本人在管理上的糟糕局面便出现了。

我和安迪一起共事了10多年，并且建立了工作之外的友谊。我们参加彼此的家庭生日聚会，在后院一边烧烤一边交流工作上的难题。我真心把他视作一个值得我尊重和信任的人。但尽管我们是很好的朋友，而且又在一起共事那么久，我们之间还是有过一次公开的争吵（一件在我一生当中也没有发生过几次的事，但非常痛苦）。

我第一次见到安迪时，他还是一个底层的初级助理——年轻、干练、有趣、勤奋。因为我比他年长并且在公司里的职位比他高，所以我的部分思维方式便建立在组织结构的等级次序上——**我在职业阶梯上的位置高过你的**。坦白讲，我的自尊心有很大一部分是与我在这个阶梯上的位置紧密相连的，所以我们两人之间隔着几个级别会产生一种安全感，至少对我来说是这样。

这种思维方式的问题在于，安迪通过自身的努力工作、成功的项目交付和专业技能的提高不断获得晋升。而与此同时，我却从未审视过自己的思维方式，或者从未反省过为什么职务等级对自己如此重要。我们之间的争吵一定和我不合时宜的思维方式与新现实之间不可避免的冲突有关。

我太狂妄自大了。

危机的爆发起源于安迪向我的团队索要一些“正在进行中”的工作样本。此时的安迪正在直接为首席执行官做一个项目。我比任何人都愿意承认，安迪只是在做自己分内的工作，是在执行首席执行官要求他去做的任务。他的做法是无可挑剔的，但我长期以来一直奉行一个原则，即绝不将“正在进行中”的工作示人，因为如果它被传到首席执行官那里，几乎不会产生什么好的结果。我的团队所执行的项目需要利益相关者看到成品或近似于成品的产品，而不是让他们去尽量想象和理解“正在进行中的工作”最终是如何完成的。我的思维方式让我陷入窘境的原因不在于安迪所提出的请求的性质（基本上是合理的），而在于我把安迪视为我的“下级”。因此，我没有解释自己的观点，也没有主动提出去找首席执行官进一步理解这一请求的性质，而是将这件事理解为一个下属对我的工作程序的不尊重。我的反应极不友好，并且在团队成员的众目睽睽之下让他下不来台，最终空手而归。

不管出于何种原因，我内心对安迪及其角色所持有的思维方式始终被牢固地锁定在原位。我不是在借此为我当时的行为开脱，但这种反思的确有助于我理解自己行为背后的原因，以及改变自己的必要性。

那天晚些时候，以及在接下来的几天当中，我都曾试图向他道歉，然而我们之间的关系已经破裂到无法修复的地步。借助后见之明可以极为清晰地看到这样一个事实：思维方式在开始的时候可能是正确的，但随着时间的推移它往往会与现实不符。导致一个人无法跳出自我，并持有错误思维方式的不一定是他消极的观点。思维方式可以是时间线上某一点的快照。如果长时间不对其进行检查，你可能无法意识到周围的人（甚至是世界）已经改变。这件事对我们两个人来说，都是一次令人遗憾的、刻骨铭心的教训。

对安迪来说，幸运的是，他的成功并不需要我的帮助，而且他已经逐步成长为公司内部一位卓有成就的员工。而我则一直在非常努力地留意自己对他人、对形势以及我所持有的思维方式的看法。我可以诚实地声明，我比以前更善于此道了。

思维方式或许是我们与他人交流互动的最强有力的工具。它值得我们去认真反思，来检查自己为什么会以那样一种方式看待他人，同时纠正任何错误或者过时的信念。

从混乱到成功：
审视你的思维方式

- 列出你所有的下属人员。逐个认真思考你当下对他们作为专业人士或者对他们的晋升资格所持有的思维方式。你是否愿意质疑这些方式的准确性？它们是否有可能不够全面？
- 如果你打算跳出自我，中止自己目前对某个人所持有的思维方式，你是否会用另一种方式看待他？如果能，通过什么方式？你需要“看到”什么？
- 将这一挑战的内容反过来应用在自己身上。找一位值得信赖的朋友或同事，请他分享在你作为领导、朋友、同事或你担任的任何其他角色时，他用何种思维方式看待你。你能否汇聚起足够的成熟度和自省力，让自己变得符合你希望他们对你持有的思维方式？
- 对思维方式的检查通常需要我们进行持续深入的自我审视。它不是一种应急方案。问自己一个问题：我真的愿意付出代价去改变自己的思维模式吗？

第1天 保持谦逊	**第2天** 富足心态	**第3天** 先倾听对方	**第4天** 表明意图	**第5天** 信守承诺
第6天 掌控自己的情绪	**第7天** 激发信任	**第8天** 角色平衡	**第9天** 知人善任	**第10天** 经营关系
第11天 审视你的思维方式	**第12天** 进行高难度谈话	**第13天** 直言不讳	**第14天** 平衡勇气和体谅	**第15天** 表现忠诚
第16天 让人们敢于说真话	**第17天** 纠正错误	**第18天** 辅导潜能	**第19天** 防止团队疲于应对紧急情况	**第20天** 定期进行一对一面谈
第21天 允许他人聪明	**第22天** 创建愿景	**第23天** 明确至关重要目标®（WIGs®）	**第24天** 推进至关重要目标®（WIGs®）	**第25天** 确保系统支持使命
第26天 交付结果	**第27天** 庆祝胜利	**第28天** 做出高价值决策	**第29天** 引领变革	**第30天** 追求卓越

挑战12

进行高难度谈话

你是否曾因躲避一次高难度的谈话，

而无意间让情况变得更糟?

作为领导，你很可能有机会去做一些很酷的事情。基于不同的组织文化、职权范围、预算和责任，你可以真实地发挥自己的影响力，并且在此过程中学到很多东西。你可能做的有：

- 面试和聘用新员工。
- 指导团队成员并确保他们取得进步。
- 对表现出色的人员给予表扬和反馈意见。
- 制定策略并打破公司甚至行业规范。
- 表扬成就，并建立奖励与激励机制。
- 订购午餐，庆祝团队的胜利。
- 订立会议议程并主导谈话内容。
- 根据你的意愿分配项目。

没错，你的角色中不乏一些愉快的事。但是，你知道这里有个挥之不去的“但是”，在领导职务中存在着一个让许多人感到发怵，以至于避而远之的领域。然而，如果你不把它添加到上面的列表中，坦率地讲，你不配做这份工作。我甚至会进一步告诉你：**如果你无意做这件事，那么请你最好让位，而且要立即行动。给你的领导打电话，告诉他你无法再在这个职位上干下去了。应该让其他人来接任。**（你甚至还可以把自己的“每日一句”日历本留给前来接替你的人。）

我上面所提到的领导工作中的难题，是你进行高难度谈话的能力。

不得不解雇某个人是一种高难度的谈话。给别人提出不留情面的反馈意见是一种高难度的谈话。想办法告诉一位同事他的古龙香水让人联想起一头饮食习惯值得商榷的角马，是一种高难度的谈话。无论话题如何，高难度的谈话都有两个共同特质：它们都很难，也都很讨厌。但如果你**真的**想成为一名领导（如果你决定不去当领导那也无妨），那么无论是你自信有能力应对这些难题，还是认为在你长长的待办事项清单面前它们显得无关紧要，进行高难度谈话仍然是你无法忽视的事情。

与我共事的人都认为我能够自如地应对这类谈话，因为我自带某种基因，能让我轻松自如地谈论那些被公认为“不可触及的话题”。我记不清有多少次我的伙伴、朋友和同事（还有我的妻子）曾经对我说“你竟然能那么轻易地把这种话讲给人家听”。

我对此的回应是：胡说八道。

并不像大多数人想的那样，我其实并不是从娘胎里一出来就敢于告诉某位同事说他不懂得合作，或者让他向某个受其不公正对待的人道歉。我也不是从一开始就知道运用技巧，懂得先关上门然后告诉某个人他在会上的表现太唐突，或者他冗长的演讲里有37个口头语“嗯”。进行高难度谈话的技巧需要反复练习，以及无数次笨拙的尝试和彻底的失败。在本章中我完全可以一个接一个地讲述失败的故事，这些故事恐怖至极，相信你绝不会想要进行这样的谈话。但这不是要点。要点是，任何有难度的领导技能都需要类似于健身和肌肉训练那样的过程，所以让我来这样跟你解释吧：如果你想要肱二头肌（哦，我确实想要），那么没有捷径可走——宝贝，你必须做重复性动作。现在，把领导技能和任何一项你酷爱的体育运动联系起来，忘掉我刚刚叫你“宝贝”，然后我们就可以开始新的体验了。

你必须反复练习、进行角色扮演，并对这些谈话进行预演。你会变得越来越熟练，而最终的谈话也不会很糟糕。但有一部分或许你不曾预料到：你有可能会让一个人获得某种洞察力，而这是他从未从任何人那里得到过的。请为此思考片刻。你作为一个领导，有能力让顽固的旧习发生改变，为他人的盲区带去一丝光亮，帮助一个人改善自身形象。你与无数心地善良，却从来不敢对人以诚相待的领导者不同，你能够改变一个人的人生轨迹。而这才是真正发挥作用的领导力。

如果你愿意为这种可能性留出余地，我保证它会改变你对进行高难度谈话这件事的看法。有一种提出反馈意见的技巧，既能让你完整清晰地表达出必要的观点，又能让同事的自尊和自信不受半点伤害。秘诀是什么？让我透露给你3件法宝：意图良好、反复练习和请教专家。在进行高难度谈话方面取得进步绝无捷径可走。首先，看清你的意图，确保你真心考虑到了对方的最佳利益。如果你的意图站不住脚，那么一切训练的技巧都将失去意义。其次，找一个你信任的人，在不泄露姓名或其他敏感细节的前提下进行练习，与其针对此次高难度的谈话进行角色扮演，征求反馈意见，然后再次进行角色扮演练习。

掌握高难度谈话艺术的第三种方法是向专家学习。外面不乏一些很好的资源，而在富兰克林柯维公司，我们也会传授一系列的“注意事项”，其中包括：

- 不要沉溺于准备阶段。练习虽然至关重要，但不要以此为借口而不去展开真实的谈话。
- 不要使用比较性的语言：“你应该像艾米莉那样写报告。”
- 不要假设你已掌握全部事实。有可能故事背后还有故事，而且尽管它或许不会改变你的反馈意见，其附带的背景信息还是可能改变你的表达方式。
- 一定要有双赢思维。确保你的动机是真实的。
- 一定要表达你的关切。使用诸如“听到……我感到很惊讶”，或者“我很关心……”之类的用语。
- 一定要举出具体的例子。专注于事实，而非你的意见。
- 要认真倾听。关注并认真思考他人的感受。
- 一定要问开放式的问题：“人们是这样看待你的——你是否可以告诉我，在你看来为什么会是这样？”
- 一定要在不侵犯个人隐私的条件下尽可能详细。需要掌握干练通达和真诚关怀之间的微妙平衡关系。

成功的领导者能够从级别高的同事、同级别的同事、其他团队成员以及专业人士那里学到如何进行高难度谈话。坐下来把情况讲述给一位组织层级适当的人听，询问他们会如何应对这种谈话。而就谈话的主题而论，我会考虑到如果是我听到这样的消息，我会喜欢什么样的方式、场合与时间。

你可以允许自己犯错，并且学习这项技能。总会有几次高难度的谈话被你搞砸，这是肯定会发生的事。这就意味着你必须为错误的语气或者语速道歉。你甚至可以用下面这个真诚的句子开启谈话，“我知道我说这话肯定会出错，所以如果我出错了，先请你原谅我，但有个敏感的话题我们需要谈谈……”

你也可以向人力资源部门征询建议。我曾经选择将一些高风险的谈话完全交由人力资源部代办，因为考虑到话题内容或其他敏感性问题，但这种情况极少。根据我的经验，95%的谈话都需要你自己一人承担。回顾此前我个人领导生涯中的高光时刻，许多都是以对方送给我这样一句话开始的（在谈话发生很久之后）：“斯科特，你是我职业生涯中唯一有勇气告诉我的人……”

进行高难度谈话太过重要，如果你无意做这件事，你就应该从领导的位置上退下来。但愿你现在知道了其中的原因：这是一场有可能也有力量彻底改变一个人的人生的谈话，这种改变可以是积极的，也可以是消极的（如果做法不当或者干脆避而不谈）。

最后一点感想。任何“胆小懦弱的人”都可以说出残酷的话或反馈意见。你需要有沟通策略、同理心和体贴关爱，才能确保一次有难度的谈话不会让被谈话者的自尊心受到任何伤害，同时又给予他们以希望，以及如何改进的前进方向。

从混乱到成功：
进行高难度谈话

- 找出你需要进行的一次高难度谈话。
- 如果你一直在推迟这次谈话，你应该与自己进行一次坦诚的交谈以找出原因。是因为你与对方关系的性质问题？你对这个话题感到不舒服？你对恰当地沟通这件事缺乏技巧和信心？查明其根本原因并首先解决这一问题。
- 找出一位你可以与其进行角色扮演的经验丰富的领导。注意敏感信息和保密性。
- 花点时间质疑自己的思维方式——你对这个问题是否有全面的看法？你是否收集了所有相关的事实？你是否考虑过对方的观点？你是否对未来的发展保持开放的态度？

第 1 天 保持谦逊	**第 2 天** 富足心态	**第 3 天** 先倾听对方	**第 4 天** 表明意图	**第 5 天** 信守承诺
第 6 天 掌控自己的情绪	**第 7 天** 激发信任	**第 8 天** 角色平衡	**第 9 天** 知人善任	**第10天** 经营关系
第11天 审视你的思维方式	**第12天** 进行高难度谈话	**第13天** 直言不讳	**第14天** 平衡勇气和体谅	**第15天** 表现忠诚
第16天 让人们敢于说真话	**第17天** 纠正错误	**第18天** 辅导潜能	**第19天** 防止团队疲于应对紧急情况	**第20天** 定期进行一对一面谈
第21天 允许他人聪明	**第22天** 创建愿景	**第23天** 明确至关重要目标®（WIGs®）	**第24天** 推进至关重要目标®（WIGs®）	**第25天** 确保系统支持使命
第26天 交付结果	**第27天** 庆祝胜利	**第28天** 做出高价值决策	**第29天** 引领变革	**第30天** 追求卓越

挑战13

直言不讳

你的确是在陈述事实，但让人误解。
这种事最近一次发生在你身上是在什么时候？

很多人都有自己独特的一技之长：

- 法国菜烹饪：朱莉娅·查尔德
- 网球：罗杰·费德勒
- 魔术：大卫·科波菲尔
- 有话直说：琼·里弗斯（还有我）

我在有话直说方面就是如此老练。引用我们首席执行官的话说就是，“你不需要有谁来解释就能明白斯科特在想什么”。我猜这话不完全是一种褒奖，但与此同时，这个领导力挑战对我来说还是有点难对付。有时候用力过猛的害处不亚于根本不给力。

那是在2004年，我在芝加哥的6年“恐怖时期”（我当时的同事现在这样称呼那段时间）进入了中期。那时业务正在从2001年的经济衰退中稳步复苏和增长。当时我还处于领导力学习曲线的爬坡阶段，并且正在做着常言所说的“进两步退一步”的标准动作。办公室里明显充斥着紧张情绪。我后来听说，我当时是个典型的事必躬亲型的老板，一个自以为无所不知的傻瓜——偶尔挺惹人喜爱，但渐渐地让许多人感到害怕，然而当时的我对此却毫无察觉。我那时承担着一个极为不易的角色：改变一个差不多两年时间始终群龙无首的部门，部门的员工要么失去了目标，要么公然占公司的便宜。如此这般的现实之外，某一天又来了一个出人意料的领导。

虽然部门从大体上讲有40名员工，但实际的办公人员要少于这个数字，大约有15人，而且所有人之间合作密切。我雇用了这些人中的绝大多数。这是一群才华横溢的专业人士，而且他们都很喜欢对方（注意这里的关键词是“他们”和“对方”）。保罗·沃克当时是一名初级销售员，但俨然已成为了团队的文化领袖。我猜想他们一定是开过一次团队会议，并且推举保罗担起直言不讳的重任。

一天早上，保罗走进我的办公室，以其完美无缺的演说，对我展开了严厉的批判：“这里的每个人都讨厌你，如果你再不做出些改变的话，我们打算集体辞职。”

这是那种几乎不给人留有解释余地的话语。这不符合保罗的特征，因为如此程度的勇气和直言不讳（还）不是他的风格。他很自信，但也很尊重我的处境。保罗是那种平时少言寡语、可以忍受像我这样讨人厌的家伙，然而突然有一天宣布他要离职去寻找新的机会的人。他关上了门，我们坐下来谈了两个多小时，没有任何遮掩，也没有任何限制。我们谈到了发生的事情以及原因，我们互相倾听。我努力地理解我的行为的严重性，而保罗则努力理解我面对的来自上级的所有压力。

我们都哭了。我永远不会忘记：这可能是我收到的最无私、最慷慨的礼物之一。保罗毫不隐晦地说出与我共事究竟是怎样的一种感受，并且以具体的交流和对话为佐证。他显然是把我镇住了，于是我理解了自己所造成的痛苦的程度。他也给了我机会，让我述说我本人所面对的挑战——每天坐在办公桌自己的位置上是什么感受，我受到的压力，摆在我面前的一些问题。这是一次非常治愈和发人深省的对话。

我认为后来事情变得越来越好了。我继续担任了3年左右的领导，并且把保罗培养成为我最终的接班人。我相信，我一贯奉行并且以身作则的直抒己见的讲话方式，尽管听起来并不总是令人愉快，但已经成为帮助他人自我提高的催化剂。我*知道*，那天保罗的直言不讳的确让我获得了自我提升。

并非每种文化都崇尚直言不讳。作为领导者，如何理解你在这方面的自由度需要由你自己来判断。直率的话可以以恭敬而又尊重的方式表达，而不会损伤他人的声誉。

那么，直言不讳的反面是什么？故作姿态、寻找立场、编织谎言，或者的确在陈述事实，却让人误解。

不能做到直言不讳会造成领导工作上的滑坡效应，因为*真相*迟早会大白于天下。于是领导者被迫要么将谎言进行到底，要么承认那是他们故意制造的假象。无论哪种方式，那位领导者的信誉度都将会顺着瓷器般光滑的斜坡直线下滑。

就*善意的*谎言而言呢？那种为了不伤害他人的感情或者使他们免受心理伤害的小谎言？研究人员发现，为了“帮助”另一个人而撒谎几乎总是被认为是善意的，而对对方没有产生任何影响或者伤害到某人的谎言则被认为是错误的。

那么，有经验的领导者会怎么做？是不是只要本意是善良的，就可以安处在谎言和真相之间的模糊地带？我猜大概并非如此。

感谢史蒂芬·M. R. 柯维在他的《信任的速度》一书中解决了这一哲学意味浓厚的话题。他将直言不讳描述为“有效的诚实”，也就是说，讲真话并且给人留下讲真话的印象。他写道，有效领导者的直言不讳需要“运用技巧、智慧和正确的判断”。

组织文化通常是自上而下传递的。你和同级领导之间的沟通是否清晰？你对事物的称呼是否准确？事实证明语言很重要，可以说非常非常重要。作为领导者，直言不讳的能力归根结底在于能够使用清晰、准确、简单的语言来确保你所说的是别人所听到的，也许最重要的是，所听到的就是所理解的。

直言不讳的领导会：

- 使用普通、平白的语言正确称呼事物。
- 不为了故作姿态而编织谎言或寻找立场。
- 用得体而又清晰的语言阐述事实。
- 不试图故作聪明。

直言不讳的领导者能让听者清晰地把握他想要传达的信息，因为那里面不掺杂任何干扰或者迷惑人的东西。没有多余的幻灯片，没有冗长的情感过剩的演讲，没有用来让人钦佩或者畏惧的疑难词汇。他们不给误解或猜测留下余地，并且尽可能地远离胡编乱造。

从混乱到成功：
直言不讳

- 想一想你在什么情况下或者针对什么人倾向于“编织”甚至于隐瞒真相。
- 找出你逃避直言不讳的可能原因。
  1. 你是否会对领导和同级别的同事采取不同的谈话方式?
  2. 是否有某种类型的同事会在一定程度上影响你是否直抒己见？为什么？
- 下次如果你注意到自己在“编造”，请暂停一下，然后找到一种更准确、更温和的方式来讲述全部事实。

第1天 保持谦逊	第2天 富足心态	第3天 先倾听对方	第4天 表明意图	第5天 信守承诺
第6天 掌控自己的情绪	第7天 激发信任	第8天 角色平衡	第9天 知人善任	第10天 经营关系
第11天 审视你的思维方式	第12天 进行高难度谈话	第13天 直言不讳	第14天 平衡勇气和体谅	第15天 表现忠诚
第16天 让人们敢于说真话	第17天 纠正错误	第18天 辅导潜能	第19天 防止团队疲于应对紧急情况	第20天 定期进行一对一面谈
第21天 允许他人聪明	第22天 创建愿景	第23天 明确至关重要目标®（WIGs®）	第24天 推进至关重要目标®（WIGs®）	第25天 确保系统支持使命
第26天 交付结果	第27天 庆祝胜利	第28天 做出高价值决策	第29天 引领变革	第30天 追求卓越

挑战14

平衡勇气和体谅

你是否会以牺牲他人利益为代价来求得胜利？
或者，你是否允许他人以牺牲
你的利益为代价来获得成功？

本书所列出的30个领导力挑战，其中大多数都不是我自然而然领悟到的（而我的整个职业生涯几乎都在领导力开发行业度过）。我必须不断地刻苦学习，而且通常是通过失败、被公开训斥或者公然羞辱的方式。本挑战也不例外。

优秀的领导者会有意识地反复评估自己在勇气与体谅之间的平衡。勇气通常意味着实话实说，将事情公之于众，积极应对有难度的谈话，解决棘手的问题。而有些时候，它也意味着沉默不语。如果用力过猛，则可能表现为盛气凌人，过于自以为是，有失委婉，或者缺乏同理心。体谅通常意味着表现出善意，礼貌待人，以及以君子之心推测他人。然而过度的体谅则会演变成逃避、屈从、漠视，以及丧失权利。

我们大多数人都会自然地倾向于这两者之一——你成长的方式、地点甚至于时间，都会影响到你的行事风格。我在自己主持的播客里曾经讲到过，我十几岁的时候，街对面搬来了一位新邻居。当时在我眼里，她就是成功的典范：她买了一套漂亮的房子，拥有两辆跑车，经营着一家生意兴隆的公司，还雇了一个保姆。她惹人注目、莽撞粗鲁和掌控一切的风格在我看来就是她的成功秘诀。我可以毫不尴尬地承认，我很快秉承了这种风格。几乎在一夜之间，我由一个逆来顺受的受气包，变得相当地果敢自信。（我的妻子会温柔地纠正我，说那是“好斗”。）

这种勇气占上风的风格在学校里以及在各种临时性的工作中都没

有问题。但当我进入职场以后，我对体谅这一面的轻视程度致使我不断地遭到谴责，直至我最终“被退出”第一个职业角色。我有足够的勇气走自己的路，按自己的方式做事，但我缺乏与他人合作所需要的体谅。为了重振旗鼓，我不得不妥协，适应新的组织文化，认识交际技巧的价值，并且更加自觉地体谅他人。

有趣的是，即使你个人达到了完美的平衡，一些组织文化、团队或者角色也可能要求你比平常更有勇气或者更体谅他人。每种文化都有其自身的均衡性。有些更看重粗鲁些的、更直言不讳的风格，而有些则更喜欢沉默是金的原则以避免冲突。比如，当领导宣布“休闲星期五”被取消时，你的团队是激烈地反对这一决定，还是低头不语，默默哀叹新的现实？在某些文化中，可能需要一根“魔杖”的帮助才能发现正确的平衡。

在我的职业生涯中，有些人曾经称我为人们常说的“瓷器店里的公牛”。而这家“瓷器店”实际上就是富兰克林柯维公司，这里的组织文化曾一度过度偏向于高度的体谅这一边。它总体上有一种谨慎、礼貌和非对抗性的文化——体现了它的总部所在地犹他州的文化（并不完全是一件坏事）。公司“保守的”方式是一种强有力的优势，35年来始终推动着我们成长壮大，成功赢得了客户，建立了良好的信誉。但这种高度体贴式的文化会让那些以勇气为风格的人难以融入，比如像我这样的人。

这头特殊的“公牛”有一种人们称之为“东海岸人格”的个性。

换句话说，一种对高度勇敢的偏好。我前面提到过，这种风格是我刻意培养的，但我们东海岸人实话实说、看见什么就怎么称呼的名声也的确不假。（当然，并非所有来自某个特定地区或文化的人都是一样的，但让我们暂且就这样泛泛而论。）将其与另一个以偏概全的，或许被一些人称为“犹他善良”的泛论相提并论，你就可以看到这即将来临的公牛与瓷器店的碰撞。

从东海岸搬到犹他州之后，我不得不调整我的平衡状态，同时学习一种新的语言，用来解读（对我而言）未知的口头和肢体语言以及文化上的各种细微差别。如果某个同事说“斯科特，你真好笑”，他们既不会放声大笑，也不觉得我好笑。这是犹他州的说法，意思是“斯科特，你有些无礼了，我们这里不这么说话”。我敢打赌，如果我移居的地方是新泽西州而不是瓦萨奇山区，那里的人会认为我有点有趣并且温和。

领导者如何在满足团队成员的不同需求、偏好和特性的同时，找到这种平衡？通过勇于表达意见，巧妙地将错误（包括我们自己的）公之于众，并委婉地质疑某个人的方向，而与此同时考虑到他人的感受、不安全感和文化规范。地域文化和组织文化确实会影响勇气与体谅之间的平衡，但有原则的领导者可以在任何地方都能做得很好，因为当你以一种恭敬的态度讲述真相的时候，大多数人都愿意倾听。有影响力的领导者善于在获得他人高度信任的同时管理自己的情绪。在众人眼中，他们头脑清醒、讲话委婉，并且值得信赖。

此外，许多文化错位现象和人际间的冲突是由一些非常称职和善意的领导者造成的，原因在于他们无法在勇气和体谅之间找到适当的平衡。我可能并非唯一一个不得不很辛苦地学习这一点的人。也许我们承袭了父母的风格，或者试图模仿仰慕的政治家或世界名人，或者花太多时间想着那位单身的新邻居和她的两辆跑车。**但如果不去有意识地寻求勇气和体谅之间的适当平衡，会导致我们无法处理好包括人际关系在内的一些事项。意识到不平衡，是恢复平衡的第一步。**

从混乱到成功：
平衡勇气和体谅

- 找一位你信任的同事。询问他们看到你失去平衡时的具体例子。问他们：
  1. 你在什么情况下觉得我过于善良或过于体贴？
  2. 你在什么情况下见过我过于强硬、粗暴，或者盛气凌人？
- 警惕那些可能促使你顾虑过多或勇气太过的触发因素。这些触发因素可能是特定的人、情境或者话题。
- 要有征询意见并且采取行动的勇气。

第1天 保持谦逊	**第2天** 富足心态	**第3天** 先倾听对方	**第4天** 表明意图	**第5天** 信守承诺
第6天 掌控自己的情绪	**第7天** 激发信任	**第8天** 角色平衡	**第9天** 知人善任	**第10天** 经营关系
第11天 审视你的思维方式	**第12天** 进行高难度谈话	**第13天** 直言不讳	**第14天** 平衡勇气和体谅	**第15天** 表现忠诚
第16天 让人们敢于说真话	**第17天** 纠正错误	**第18天** 辅导潜能	**第19天** 防止团队疲于应对紧急情况	**第20天** 定期进行一对一面谈
第21天 允许他人聪明	**第22天** 创建愿景	**第23天** 明确至关重要目标®（WIGs®）	**第24天** 推进至关重要目标®（WIGs®）	**第25天** 确保系统支持使命
第26天 交付结果	**第27天** 庆祝胜利	**第28天** 做出高价值决策	**第29天** 引领变革	**第30天** 追求卓越

挑战15

表现忠诚

你最近一次在背地里说别人闲话
或者贬低别人是什么时候?

八卦是人类的天性吗？恐怕是的。

我想，直到27岁加入富兰克林柯维公司那年，我才真正领教到八卦的内在毒性。在我所遇到的每一个情境中，八卦都是司空见惯的行为：学校、教堂、童子军、兼职工作、俱乐部、当地娱乐中心、邻里、政治活动、晚宴和节日派对，所有这些都根植于八卦之中。我在任何地方遇到的任何一个人，都对它习以为常。这并不是说这些人不好；他们只是在闲聊彼此而已。说闲话似乎与在公路上超速行驶5英里没有任何差别——每个人都承认这样做过（而剩下的人可能是在撒谎）。

20世纪90年代，有一部名为《生动的颜色》（*In Living Color*）的特别搞笑的热门喜剧片。其中的一个角色是金·韦恩斯扮演的一个名叫贝妮塔·布彻尔的爱管闲事的邻居。她的签名档是："我不是一个爱八卦的人，所以你不会从我这里打探到什么！"随后她会马上出卖任何人，无论是谁，把他们个人生活中的逸事趣闻都泄露出来。而她的天赋和无懈可击的表述也同样很搞笑，因为那是对日常生活的嘲弄。我们的内心都有一点贝妮塔·布彻尔的影子。

我有意识地停止八卦行为是在加入柯维领导力中心（富兰克林柯维公司的前身）之后。是它让我了解到"忠实于不在场的人"这一概念。柯维博士说："当你为那些不在场的人辩护时，你也留住了在场的人对你的信任。"这句话对我来说振聋发聩。它让我理解到八卦在组织内部所造成的无处不在的文化上的损害。对他人表现出忠诚是一种简单但影响深远的领导能力。

史蒂芬·柯维认为这是一个至关重要的原则，并将其列入他所提出的13个高信任度领导者行为。我本人在表现忠诚方面来之不易的经验发生在2001年。我当时刚刚被提拔为由芝加哥分部管辖的15个州地区的董事总经理。同时，作为一名新任董事总经理，我身居总裁领导团队，并在此能够私下知晓有关公司变动和人事问题等敏感性的战略信息。令人尴尬的是，我那时还没有培养出足够的成熟度来保守秘密，并且到处闲扯一些无关痛痒的八卦。（郑重声明：我并没有泄露内幕消息或者公司商业秘密。这些八卦更多类似于："嘿，我认为莎莉下周末会被炒鱿鱼。"很琐碎，我知道。）

一段时间之后，公司总裁出现在我的办公室，他是来和我进行一次预约的会谈的。我们面对面坐在两把红色的皮椅上——我清楚地记得那椅子的样子，金色的铆钉，棕色的椅腿，这两把椅子在我的记忆中打上了深深的烙印，因为它们与我将要听到的内容有关。总裁看着我的眼睛说："斯科特，你正站在一个加油站里，手里拿着一根火柴。"

显然，我碎嘴乱说的行为已经传到了他的耳朵里。随之而来的是一次需要很大勇气的谈话。谈话中他表示对我不能保守秘密以及对他的不忠感到沮丧。如果你能想象出我把自己压进柔软的皮椅里想要找个缝儿钻进去的样子，你就离真实情况不远了。

假使我在生活中采取了这一原则，在最初的几年里我该会让自己和周围的人免受多少痛苦啊。而由于这位体贴的领导者的直言不讳和教导我的意愿，我几乎立刻完成了180度的转变。从那以后，我成为一名有权获取高度保密的信息的高管。我严格遵守所有相关协议。我是否彻底停止了八卦？很不幸，没有。但我肯定是有所进步。

公司的首席执行官鲍勃·惠特曼在组织的高层为我们做出了忠诚的榜样。鲍勃不会八卦，也不容忍其他人八卦。对他来说，这是“没得商量”的事。他不会用羞辱的方式让人服从，相反，如果他希望别人是什么样子，他会以身作则。如果我们当中的某个人缺席了“请勿缺席”的周例会（这种事情常常发生在外出见客户时），管理团队里的另一位成员有时会想要代表缺席者发表意见。然而鲍勃绝对不会让这种情况发生。他会毫无例外地暂停讨论，直到那位缺席的团队成员最终能够代表他/她自己出席会议。鲍勃知道流言并不总是显而易见的：有时候，代表他人说话会不知不觉间夹杂一些微小的偏见、错误判断或对事实的歪曲。相信我，如果首席执行官禁止八卦到如此程度，那么任何故意抹黑之类的东西都不会找到机会。

就忠于他人方面，请考虑以下建议：

- 遵守白金法则。我的一位有智慧的朋友曾经告诉我，除了“你希望别人怎么对待你，你就怎么对待别人”（黄金法则）之外，还要做到“别人希望你怎么对待他，你就怎么对待他”（白金法则）。
- 如果某人不在场，谈及他时应该如同他本人就站在你身边一样。想象那个人就在现场会极大地改变你谈论他的方式。
- 设想你的电子邮件会同时转发给你在邮件里所提及的那个人。

如果你正在写一封有关他人的电子邮件，你的态度应该是如同知道这个人最终会读这封邮件一样。此外，使用“密送”是一种懦弱和不忠诚的表现，并且有时应该彻底避免。

- 以君子之心度人。人类通常习惯于预先假定他人有不良企图。你应该停止这种想法，先假定他们有良好的意图，然后再认真思考其行为。
- 应该将每次私人谈话看作是私密性的，除非/直至你能够确认其并非秘密。

一旦忠诚的价值观渗透到企业文化中，你就会纳闷，自己从前在没有它的时候是怎么过来的。

从混乱到成功：
表现忠诚

- 回想一下有人对你不忠诚的那一次经历。其后果如何?
- 你最近一次表现出不忠诚是在什么时候？为什么？如果是现在你会采取哪些不同的做法?
- 如果谈话中某人错误地传达了某个不在场的人的意思，你应该说“我要等到直接与他面谈之后再做判断”。
- 如果你发现自己是在代表他人发表观点，应该考虑等候此人到场发表自己的观点。
- 下次如果收到对团队工作的褒奖，你应该分享这份荣誉，而不是据为己有。

第1天 保持谦逊	**第2天** 富足心态	**第3天** 先倾听对方	**第4天** 表明意图	**第5天** 信守承诺
第6天 掌控自己的情绪	**第7天** 激发信任	**第8天** 角色平衡	**第9天** 知人善任	**第10天** 经营关系
第11天 审视你的思维方式	**第12天** 进行高难度谈话	**第13天** 直言不讳	**第14天** 平衡勇气和体谅	**第15天** 表现忠诚
第16天 让人们敢于说真话	**第17天** 纠正错误	**第18天** 辅导潜能	**第19天** 防止团队疲于应对紧急情况	**第20天** 定期进行一对一面谈
第21天 允许他人聪明	**第22天** 创建愿景	**第23天** 明确至关重要目标®（WIGs®）	**第24天** 推进至关重要目标®（WIGs®）	**第25天** 确保系统支持使命
第26天 交付结果	**第27天** 庆祝胜利	**第28天** 做出高价值决策	**第29天** 引领变革	**第30天** 追求卓越

挑战16

让人们敢于说真话

你的员工是否会像反馈好的、乐观的消息一样，
愿意向你反馈坏的、负面的消息？

我一直认为，反馈的责任更多在于接收反馈的人，而不是提供反馈的人。我所谓的“更多”，是“多很多”的意思。我认为人类在交流时天生就是胆怯的。我猜这其中的某些原因可以追溯到我们的童年时代，以及成年人给我们的好心的建议：

“如果你嘴里说不出好听的话，干脆什么都别说好了。”

“记住，己所不欲，勿施于人，自己不爱听的话，也不要说给别人听。”

“你有两只耳朵和一张嘴，要合理使用它们。”

“自己尚且有短，不要批评他人。”

难怪我们过于在意要表现出尊重、礼貌或者克制。而且因为我们大多数人都心口不一，对方会认为一切安好（这里没问题！）。但现实情况是，在大多数工作场合，如果有人能向我们提供反馈意见，我们会在情感成熟度、人际关系技巧和自我意识方面取得巨大进步。

我们都亲眼目睹过当人们不敢说实话时的后果。还记得首席执行官在公司年度启动大会上所做的90分钟240页幻灯片的讲话吗？你知道，就是那种只需要几页幻灯片用20分钟就能讲完的那种。还记得会议之后发生的事吗？是那不时传来“讲得好！”“非常棒！”和“老板，精彩的演讲！”的阵阵溢美之词。而与此同时，你却在想：真是糟透了。整个会议室里低头看手机的人证实了这一点。

现在，将自己置于首席执行官的位置。听不到真相会给你带来什么？也许你认为，因为绝大多数观众都没表态，所以你的演讲完美收官。但我在职业生涯中注意到：你在组织中的位置越高，你离真相就越远。当你入驻20楼拐角处的那个办公室之后，反馈信息就会像缺氧的空气一样稀薄。

这正是为什么我在本挑战开始的时候宣称提供反馈信息的主要责任在于接收反馈的人，而不是提供反馈的人。因此，让人们敢于说真话，这句话是对你说的。作为领导者，你有责任为他人创造一个实事求是的安全环境。作为领导者，你应该希望听到真相的原因有很多：

- 真正了解别人对你的看法。
- 了解别人与你在（个人或职业）关系交往中的感受。
- 了解你自己的盲点，以便解决这些问题。
- 评估你的沟通技巧是抬高还是贬损他人。
- 对你的表现、形象和声誉有一个准确的把握。
- 评估身为你的团队成员的感受。
- 衡量被你喜欢和被你讨厌分别是什么感觉。
- 尽早了解某项业务问题的现实情况，以便赶在事情变得太难、太晚或太昂贵之前及时处理。
- 确保传话的人知道你不会有针对个人之意。

研究人员发现人类本能地爱撒谎。在缺乏安全感的情况下，我们古老的蜥蜴脑会调高风险意识。根据我的人生经历，即使我恳求人们告诉我他们对我的真实看法，他们仍然会故意装糊涂然后说一些类似“斯科特，你很棒。我也很棒。一切都很棒”这样的话。（除非他们真的讨厌我，那可就要小心了。我要保存好这些例子，将来用来写本书，书的名字或许叫做《我被告知下地狱的150种不同方式》。）

下面列出几条让他人敢于在你面前说真话的技巧：

- 表现出想听到他们讲实话的真诚态度。（我这里用了“他们”，因为不是每个人的实话都是准确、完整或者有帮助的。）
- 建立信心，让他们知道大胆讲话不会对他们造成任何不利影响（绝不会有报复、惩罚或风险）。
- 表达你尊重他们的观点并且愿意接受批评（特别是对于职位比你低的同事）。
- 通过持续不断的事实向他们证明，你不会对他们的立场提出异议或质疑，不会为自己的行为辩护，或者断然拒绝考虑他们的反馈意见。
- 也许最重要的是，你要用自己新的行为来表明你对他们冒险进言的重视程度足以让你改变自己。
- 切勿将人引诱到水池的“安全”地带，然后把他的头按到水面之下。
- 展示出对向你提出反馈意见的人的珍视程度，并且让他们看到这样做会有益无害。
- 细心考虑物质环境。不要把人请进你的办公室，然后你威坐在庞大的办公桌、令人胆怯的滴水兽摆设后面。找一个中性的地方，并且表现出你没有凌驾于他们或任何他们必须说的话之上。

- 做谈话笔记，并且询问谏言的明晰内容。
- 真诚地询问具体的例子。
- 鼓励他们提供反馈信息。
- 不要辩解或反驳。

有时，通过电子邮件寻求反馈可能是让对方说真话的最佳途径。对大多数人来说，写邮件会比面对面时更有勇气，尤其是在老板面前。你或许可以要求他们就一个问题思考几天，然后将他们的想法通过电子邮件发送过来。如果你需要额外的背景信息，你始终还是有进行面对面会谈的选择。

请记住，让说谎得不到奖赏，让讲真话不会受到伤害而且甚至会得到支持和保护，这样的条件**只有你**能创造。

从混乱到成功：
让人们敢于说真话

- 思考一下你有哪些行为是在鼓励或者打击别人告诉你他们心中关于你的真实想法。
- 评估你当前的组织或团队。说谎或者捏造的行为是否会得到褒奖？讲真话是否不安全？
- 传达出“错误是不可避免的，欢迎坦诚的反馈”这样的信息。
- 通过改变你的行为和感谢反馈者来表明你对反馈意见的重视。
- 最重要的是，如果有人确实甘冒风险给予你反馈，请不要不予理会、漠视它或为自己辩解。要倾听，表示感激，然后自己再辨别是否值得采取行动。有些反馈与其说是关乎你，不如说是关乎提出反馈的人。

第1天 保持谦逊	**第2天** 富足心态	**第3天** 先倾听对方	**第4天** 表明意图	**第5天** 信守承诺
第6天 掌控自己的情绪	**第7天** 激发信任	**第8天** 角色平衡	**第9天** 知人善任	**第10天** 经营关系
第11天 审视你的思维方式	**第12天** 进行高难度谈话	**第13天** 直言不讳	**第14天** 平衡勇气和体谅	**第15天** 表现忠诚
第16天 让人们敢于说真话	**第17天** 纠正错误	**第18天** 辅导潜能	**第19天** 防止团队疲于应对紧急情况	**第20天** 定期进行一对一面谈
第21天 允许他人聪明	**第22天** 创建愿景	**第23天** 明确至关重要目标®（WIGs®）	**第24天** 推进至关重要目标®（WIGs®）	**第25天** 确保系统支持使命
第26天 交付结果	**第27天** 庆祝胜利	**第28天** 做出高价值决策	**第29天** 引领变革	**第30天** 追求卓越

挑战17

纠正错误

当你违背某项承诺时，你的第一个本能反应是自我辩解，
寻找合理化的理由，让问题大事化小、小事化了，
还是彻底无视它的存在？

我最近采访了著名作家和《哈佛商业评论》前任编辑凯伦·迪伦。除了独立完成的几本书外，她还与哈佛大学教授克莱顿·克里斯坦森合著了3本书。我最喜欢的一本是《你要如何衡量你的人生》。这本见解独到的著作是你阅读清单里的必读书目。作者非常聪慧地将创新性的商业原则应用于个人生活之中。

我认为这本书有说服力，发人深省，而且具有可行性。例如，作者指出谦卑是建立在自信心基础之上的。谦虚的人对自尊心和自我能力有安全感，不需要狂妄自大、极力吹嘘或者自我防卫。他们通过自信表现出谦逊。很有深意，对吧？

根据我的经验，谦虚（即自信）的人会感觉自我改正是件相当容易的事，尤其是通过向别人道歉。对于因自身的言行不当而造成的任何损害，他们都会迅速予以补救。我猜想这对于他们来说几乎毫不费力，因为他们觉得根本没有辩解或者强调背景的必要。犯错误或者接受批评并不会让他们变得更软弱，而是恰恰相反。

然而在世人的眼中，情况并非如此。在我初出茅庐的时候，我也不是一开始就采纳了这种观点。你是知道的，我是那种绝不轻易说“对不起”的人。不道歉会产生一种心理激励。研究人员发现，拒绝道歉可以让你感觉更有自主权和掌控力。具有讽刺意味的是，这些感受往往会带来更高的自我价值感和个人诚信感。对此我完全相信，毫无疑问。

将时间快速回溯几年，来看看我的导师查克·法恩斯沃思和他称

之为“预先谅解”（pre-forgiveness）的有关增加自主权的一个概念。它的核心含义是：你会得到预先的谅解，而且你会犯错误。这个概念融入了我的每一段旅程。如果我们生活在对失误的恐惧之中，我们将不会去下赌注，不会冒任何风险，或者拓展自己的技能。

在他手下工作，我感到自己有完全的自主性。而哪位领导者不想让团队成员有这种感觉呢？他的团队在组织中的人员变更率最低，难道会不可理解吗？ 查克决定在头脑中（当然还有心里）预先谅解团队成员，并将其传达给团队成员。如果你想减少用来纠正错误的时间和精力，那就宣布你已预先原谅了可能发生的任何失误、伤害性言论、不顾及他人感受的交流，或者错误判断。这并不意味着人们因此获得了一张干坏事的自由通行证，而只是你承认每个人都有达不到要求的时候，而这没有什么。

在纠正错误时，承担起全部责任会出奇地让人产生好感。我常常会惊讶于一个愤愤不平的人平息积压在心中的怒火或愤慨的速度之快。没有什么比一句真诚的、无任何托词的道歉和改正事态的行动更能消除愤怒。当你发现自己冤枉别人时，考虑一下类似于下面的一些表述：

“我想告诉你一件非常重要的事情。对于我的举止，我真诚地感到抱歉。是我错了。我承认。对不起。我希望你能原谅我，而且我打算做出真诚的努力，确保我再也不会那样对你或其他任何人做出如此行为。我已经获得了一个难得而宝贵的教训，遗憾的是你为此付出了代价，我想让你知道我对此的严肃态度。此外，我打算采取×××行动，让我们之间恢复正常。你是否看重我所说的话，或是你还有更好的建议需要我予以考虑？”

最好的领导者知道如何纠正错误。如果你一开始就说“有人犯了错误”或者“是我的错”，那么你就会离题太远。纠正错误要从谦卑的位置开始，并且要基于个人责任进行沟通。对我们这些作者来说，针对大多数领导行为说出一些令人振奋的话，要比你在现实生活中真正实施容易得多。就像新年夜的薄荷杜松子酒：从点滴开始，渐入佳境。

从混乱到成功：
纠正错误

- 考虑与你的团队建立一个预先谅解的文化。相互谈论这一文化的真正含义，并就其积极和消极影响达成一些共同意见。
- 如果你未能达成期望或违背了承诺，要主动承认。要抑制寻找合理化理由的冲动。
- 无条件表示道歉，以此承担全部责任，然后采取行动纠正错误。一个充满借口的道歉，留在人们记忆中的只能是借口，而不是歉意。
- 要认识到如果你频繁道歉，则可能存在其他需要解决的问题。你还应该记住这样一句格言："如果你没有让人恼火，你可能什么都没有做到。"你应该找到它们之间的平衡点。

第1天 保持谦逊	**第2天** 富足心态	**第3天** 先倾听对方	**第4天** 表明意图	**第5天** 信守承诺
第6天 掌控自己的情绪	**第7天** 激发信任	**第8天** 角色平衡	**第9天** 知人善任	**第10天** 经营关系
第11天 审视你的思维方式	**第12天** 进行高难度谈话	**第13天** 直言不讳	**第14天** 平衡勇气和体谅	**第15天** 表现忠诚
第16天 让人们敢于说真话	**第17天** 纠正错误	**第18天** 辅导潜能	**第19天** 防止团队疲于应对紧急情况	**第20天** 定期进行一对一面谈
第21天 允许他人聪明	**第22天** 创建愿景	**第23天** 明确至关重要目标®（WIGs®）	**第24天** 推进至关重要目标®（WIGs®）	**第25天** 确保系统支持使命
第26天 交付结果	**第27天** 庆祝胜利	**第28天** 做出高价值决策	**第29天** 引领变革	**第30天** 追求卓越

挑战18

辅导潜能

你是否将与团队成员的
每次互动视作建立信心和发展潜力的机会？

“持续的潜能辅导”的反面是这样的：你的计划事项中有一项年度绩效考核。距离这一天的到来还有两个星期，但这件事让你感到既兴奋又伤脑筋。你确信，你的老板会用大部分时间来表扬你，赞赏你为团队、部门、事业部和公司带来的重大价值。当然，你在某些方面还可以改进，但与正在朝你走来的“加冕”典礼相比，这根本算不了什么。

绩效考核的日子到了，你坐下来，有点紧张，又有些乐观。然后，你注意到一些隐约的迹象，显示出事情并不像你想象的那样：

- 在桌子上**你的**这一侧放了一盒面巾纸，看上去是最近放上去的。
- 面巾纸旁边放着一份《您与表现不佳的员工》的文件。
- 那张激励人心的宣扬“团队合作”的海报，已被另一张写着“通往进步的漫长之路”所替代。

然后事情发生了。你的老板以检察官进行开场陈述般的准确性，罗列出你所有的不足和失误。一页一页的记录（即“文件”）逐项详细陈述着案情，而此时你坐在那里，被会议的风向惊得目瞪口呆。你甚至听不到老板在说什么，因为你对他们从4个月前、9个月前、员工会议和一些你几乎记不起来的项目中搜集来的“证据”深表怀疑。

你在绩效计划书上签了字后，会议终于结束了。（此时感觉就仿佛是离婚，你的配偶分得了孩子、房子、你从高中时代保留下来的复古车、你们的狗，以及几乎所有其他东西，除了信用卡债务。）你带着被净身出户的感觉离开家门。不是因为你的老板刻薄、粗鲁或者不近人情，而是因为这件事让你猝不及防，甚至有种遭遇伏击的感觉。你无法相信刚刚发生的一幕，甚至想到寻找另外一份工作。

伊丽莎白·库伯勒-罗斯在她的《下一站，天堂》一书中，概括了著名的悲伤的五个阶段：否认、愤怒、挣扎、沮丧和接受。猝死与伏击式业绩评价之间存在着一些令人毛骨悚然的相似之处。诸如我刚刚例举的这种业绩评价对话会损伤人的自尊心和自信心。更糟糕的是，它们可能会永久性地降低某人的自我价值感。

幸运的是，那些一年一度强制性绩效考核的日子越来越少了，在这种考核当中，你被迫与同事进行竞争性的排名，眼看着排名最低的做了祭神的牺牲品，而丰厚的奖金归于少数的几个幸运的翘楚。然而，还有一些企业坚持这么做，而且这些领导者想方设法躲藏在正式的、一本正经的考核程序的背后。结果，他们最终经常会让下属纠缠于压抑在心底的挫败感、表现出来的轻慢态度，或者长期酝酿的业绩问题。许多这样的问题，如果真的得到了即时解决，本可以帮助这些员工在事业上取得蓬勃发展，而不是一蹶不振。

这一切问题的解药在于经常被忽视的领导者作为教练的角色。持续不断的潜能辅导需要大量的准备工作。首先，你必须发自内心地*想要*让他人得到提升，不仅要肯定他们做对了的事情，还要指出错误的、稍有偏离的，甚至是不可接受的事情。这需要心态的转变、勇气、实践、人际交往的技巧和不断的重复。你会认识到，你在本书中读过的许多挑战对于培养你的教练技能都会很有帮助，其中包括“直言不讳”“进行高难度谈话”“平衡勇气和体谅”等。

围绕教练活动已经发展出了一个完整的行业：书籍、培训、大学课程、组织和认证。富兰克林柯维公司拥有专注于管理人员的指导实践，可以说是行业最好的。我即将提出的大部分建议，都是与专家或者有资质的教练所讲的内容相一致的。但这是基于我的实践经验的教练方法——并非完美无缺，而且常常是一团糟，却是真实的、相关的、可复制的。下面是在我接受潜能辅导的过程中几个让我受益匪浅的行为：

- 要了解你所领导的团队正在发生的事情。谁遇到了难题，为什么？他们是否受过适当的培训？是否与目标保持一致？尽管取得了扎实的成果，但也许所实施的计划有问题？你是否明确说明了成功的具体含义？交付的信息是否清晰明确，目标是否被转化为行动和日常行为？以上这些要点多数是你的职责。
- 采用“签到”与“核查”流程。如果你领导的是一个虚拟团队，无法亲眼看见成员近期情况，则尤其应该采取这一措施。主动出击，以便能及时了解是否有人需要帮助。
- 找出团队成员想要以及需要的不同指导方式。有些人比较内向，在众人面前容易害羞，而另一些人则对一切都满不在乎，喜欢迎接挑战。你应该调整自己的风格，以满足他们独特的需求。

- 让你的批判性反馈与具体强化的赞誉保持平衡。持续不断的辅导不仅关注哪里出了问题，它也是让人们了解哪些是有效的，哪些是应该强化的，哪些是应该撤销的一个极好的机会。
- 询问团队成员他们需要你提供怎样的帮助。要在需要时在场，要了解情况。提供指导时，要让对方能够享有你全部的注意力。
- 确保每个人都有完成工作和帮助他人的资源和工具。
- 将“指导”添加到你的日常任务列表中。用任务提示提醒你去寻找真正的指导机会。

引用我的朋友保罗·沃克的一句话：“说教会增强依赖性，指导才能培养能力。”

从混乱到成功：
辅导潜能

- 在一对一谈话和正式的绩效评估之外增加实时指导。
- 在接下来的一周内，至少将一项与指导相关的最佳实践应用到团队成员身上。
- 回顾你的交流互动情况。你的说教和指导各占多少比例？你的团队成员在谈话后是垂头丧气，还是得到了“改进的方向”以及下次关注这个问题的时间框架？
- 你是否在批准、鼓励和赞成的时间与质疑和纠正方向的时间之间保持了平衡？
- 思考一下在你的组织中堪称最佳教练的领导。同他们探讨一下他们的战略和流程。

第1天 保持谦逊	**第2天** 富足心态	**第3天** 先倾听对方	**第4天** 表明意图	**第5天** 信守承诺
第6天 掌控自己的情绪	**第7天** 激发信任	**第8天** 角色平衡	**第9天** 知人善任	**第10天** 经营关系
第11天 审视你的思维方式	**第12天** 进行高难度谈话	**第13天** 直言不讳	**第14天** 平衡勇气和体谅	**第15天** 表现忠诚
第16天 让人们敢于说真话	**第17天** 纠正错误	**第18天** 辅导潜能	**第19天** 防止团队疲于应对紧急情况	**第20天** 定期进行一对一面谈
第21天 允许他人聪明	**第22天** 创建愿景	**第23天** 明确至关重要目标®（WIGs®）	**第24天** 推进至关重要目标®（WIGs®）	**第25天** 确保系统支持使命
第26天 交付结果	**第27天** 庆祝胜利	**第28天** 做出高价值决策	**第29天** 引领变革	**第30天** 追求卓越

挑战19

防止团队疲于应对紧急情况

你如何才能有足够的勇气让团队专注于最重要的事情，包括对你自己的一些最好的点子说“不”？

我喜欢优质的紧急情况。在别人看来，我是那种没有紧急情况也要创造出紧急情况以满足自己对价值感的需求的人。这让人联想到一种被称为“消防员纵火”的现象——消防员故意纵火，如此一来他就可以成为英雄，因为他是第一个赶到现场救火的人。不过这种情况并不多见，而且这是违背道德的。虽然我与实际的纵火行为毫不相干，但在解救组织中类似于火灾的紧急情况时，我发现它们之间存在相似之处。我不会故意制造火灾，但我喜欢救火（以及由此而来的荣誉）。

我职业生涯的很大一部分都是在这种英雄主义倾向的鼓动之下：冲上前去帮助某位经理解决问题，或者执行某个最后一刻才敲定的想法。这两类事情都会让我兴奋不已。我给人的另一个印象是，提出一个让人极度兴奋的很有创意的解决方案，说服决策层接受该方案，然后将我30人的团队集结在这一紧急确定的必做项目周围。并不是说灵活机敏、反应敏捷、积极主动和富有创意不重要，这些在任何组织中都是应该表现出的优秀天赋。但如果你不断地折腾你的团队进行消防演习，使这一能力发挥关键作用并且成为你的必备优势，是不合理的。你的信誉会受到挑战。你的员工会逐渐感到疲惫，而你最终也会熄火。你的下一份工作是不太可能在一个运营良好、专注且纪律严明的组织里了——说实话，他们不需要你。你将不得不寻找一个处于持续混乱状态的公司，这样他们才会重视你的救火才干。

在我读到富兰克林柯维公司出版的时间管理类书籍《激发个人效能的五个选择》（*The 5 Choices: The Path to Extraordinary Productivity*）

之前，我在防止团队疲于救急方面并不在行（正如那句格言“鞋匠的孩子没鞋穿”）。如果你像我这样对肾上腺素上瘾，紧急事件可以说是一种极具诱惑的消遣。我依然能感受到它的吸引力，它能瞬间给我带来确认感和满足感。我认为紧迫感带来的肾上腺素升高会令人精神振奋，至少是在一段时间内。然后，它会达到顶峰并迅速让人陷入疲惫。在别人看来，你是战术有余，而战略不足。

你很有可能见到过某位领导召集团队以表扬某个人。我敢肯定，表扬更多的是集中于灭火行为而不是防火行为。我所见过的（当然还有我自己）**受到表彰的行为，通常是英勇的、最后一分钟的努力，为的是解决问题、修正错误或者从客户服务的失误中恢复过来。**比如：

- 某项所需的材料没有发货或送到了错误的地址。一名团队成员连夜开车及时把货送到。（这是给你的一张100美元的Visa卡！）
- 你获得了一个赢得大客户的机会，但需要组织人员为其服务。因此，在你发布招聘广告，面试数十个人，最终招入新员工并对其培训前，一位团队成员需承担多个角色。（请你吃大餐——一个月后当你能够解脱并且你那时还没有辞职的话。）
- 你已宣布在全球范围推出某个新产品。唯一的问题是，产品还没有全部完成，还需要最终的试运行、质量测试、包装改进、人工操作和组装。现在你让人乘飞机火速运送刚刚出炉的材料，因为你已经用光了3周的缓冲期。（这是给你和你的另一半的两张电影票，如果你的那个他/她还在你身边的话。）

如今，所有行业的存在都是在为了适应人们的紧迫性。（是否体验过加急护照办理业务？）不让你的团队疲于应对紧急情况的一个关键能力是辨别能力。做出合理的决策，让团队成员的时间和精力能够与他们的“至关重要目标”相一致，会减少冲上去应对“紧急情况”的诱惑（除非你的团队是在急诊室工作）。我会在后面详细介绍“至关重要目标”的含义，但就目前而言，淡化重要情况和紧急情况之间的对立关系才是至关重要的。寻找这两者之间的和谐关系往往是一种微妙的平衡行为。

作为领导者，表彰和奖励促成目标实现的特定行为，能够有助于团队不再疲于应对紧急情况。但首先，我们必须确保我们没有建立或者强化一种褒扬救火而轻视防火的文化。但这并不是说紧急情况不会时而发生。

另一个极端是试图彻底抹杀紧急事件存在的现实。我曾经有一位同事板起面孔宣布：“我不在紧急模式下工作，从不。我只参与经过深思熟虑的、有计划有时间表的项目。”我记得我当时想，好吧，真是好样的——而你永远都不会做我的员工。说实话，我确信她也无意为我工作。也许我们当时都处于极端状态。

通过表彰你希望树立和奖励的行为来防止你的团队疲于应付紧急情况。你有责任让团队成员专注于“至关重要目标”（重要并且积极的工作），而不是超级火灾——哪怕这火是你放的！

从混乱到成功：
防止团队疲于应对紧急情况

- 要认识到你本人有可能就是许多团队紧急情况的根源。这些紧急情况是如何出现的？
- 你将如何提高计划性或者对更多的事情说不？
  1. 问问自己，你对被认可或者兴奋感的需求是否在削弱着团队的专注力。
  2. 为未来的计划设定合理的完成日期。
- 奖励积极主动和预防性的工作，而不仅仅是英勇的灭火行为。

第1天 保持谦逊	**第2天** 富足心态	**第3天** 先倾听对方	**第4天** 表明意图	**第5天** 信守承诺
第6天 掌控自己的情绪	**第7天** 激发信任	**第8天** 角色平衡	**第9天** 知人善任	**第10天** 经营关系
第11天 审视你的思维方式	**第12天** 进行高难度谈话	**第13天** 直言不讳	**第14天** 平衡勇气和体谅	**第15天** 表现忠诚
第16天 让人们敢于说真话	**第17天** 纠正错误	**第18天** 辅导潜能	**第19天** 防止团队疲于应对紧急情况	**第20天** 定期进行一对一面谈
第21天 允许他人聪明	**第22天** 创建愿景	**第23天** 明确至关重要目标®（WIGs®）	**第24天** 推进至关重要目标®（WIGs®）	**第25天** 确保系统支持使命
第26天 交付结果	**第27天** 庆祝胜利	**第28天** 做出高价值决策	**第29天** 引领变革	**第30天** 追求卓越

挑战20

定期进行一对一面谈

是什么阻碍着你与每个团队成员进行一对一面谈?

接续上一个挑战的火灾话题，大多数领导者的行动要么是出于防火的意愿，要么是出于灭火的意愿。我的这本书大部分是从防火的角度写的——从长远来看，实现效能与效率的重合——但是你是知道的，我天生就喜欢灭火。

承认吧，我们中的许多人都酷爱来自紧急事件的挑战，感受肾上腺素在火焰中飙升，并且从让事态转危为安中寻求赞誉。如果你是这样一位领导者，那么你很可能在定期的一对一面谈方面表现拙劣。如果想知道在这方面的管理上一团糟的人是什么样子，你可以将我看作一个典型人物（注意：我从未说过我在管理上的所有混乱都变成了成功）。

我们这些救火型的领导容易对紧迫感上瘾。由于这种成瘾，我们在让人失望方面很有一套。我经常会取消一对一谈话：必须参加的晨会持续时间过长，我被一位寻求建议的同事堵在走廊，而现在我的手机又响了。这是我一直在等的电话，是一位要我给他的书写推荐语的重要作者、一位想要参加我的“伟大的生活，伟大的事业”（*Great Life, Great Career*）电台节目的著名高管，或者一位我们想要采访的思想领袖打来的。全是重要的事情，相当重要。的确比我的一对一谈话更重要（但是真的吗？）。说实话，透过办公室的玻璃窗看着我的下属手里拿着满满一文件夹的东西激动地想与我分享，我的心里有些隐隐作痛。我敢肯定，他们整个星期都在为这次会谈做准备——收集工作样本，拒绝与此冲突的会议，渴望着给我留下一个好的印象。这次会谈对他们很重要。

而这对我也很重要，只不过没有像其他任何正在进行着的事情那么重要。这是残酷的事实。我想到了“伪君子”这个词，但我把这个想法压制下去，然后给我的助理发短信取消这次会谈。我的助理在这种任务上已是训练有素了，然后那位同事点点头走开了。与此同时，我接听了电话，然后又回头去做领导该做的那一堆重要的事情了。坦率地讲，我一直处于这种情形的两边，而且应该比别人更懂，因为这种感觉很糟糕。

但如果我让你列出自己最重要的资产，你们中的大多数（即使不是全部）会把自己的员工摆在首位。从长远来看，没有什么比你所领导的人（并且知道如何领导他们）更重要的了，而且你对此心知肚明。但是你如何将这种重要性展示给员工与员工对此的感受二者之间存在天壤之别。

家庭成员之间也存在着与此类似的现象。我最近采访了作家朱莉·摩根斯坦恩。朱莉曾写过多部畅销书，其中包括《为人父母的时间》（*Time to Parent*）。她谈到了孩子和父母之间不同的看法。例如，会有这样一种常见的对话：

父母：“我为你牺牲了一切。我多年来拼命工作攒钱，供养你的衣食住行，提供所有的生活必须品。你什么都不缺。”

孩子：“没错，但是当我需要你的时候，你从来不在我身边！”

父母由于很清楚自己为抚养孩子所做的所有“隐形的”行为，因此觉得自己已经做了养活他们所需要的“一切”。但孩子从未见过那些隐形的行为，他们只是想要和父母待在一起。

听起来有点耳熟？作为领导者，你清楚自己曾经为团队的成功投入了多少“隐形”时间，但是他们需要的是你的真实可见的时间。他们需要一对一面谈，反映一些具体的事情，以便能够提出妨碍进展的问题，获得反馈和指导，制定发展计划，和你一起解决问题。一对一会谈是提高团队参与度的最重要工具之一。所以我们需要一对一面谈，即使面前还有许多需要解决的难题和接二连三的紧急情况。

本书中的几个挑战为定期进行一对一面谈奠定了基础，包括：

- 保持谦逊
- 表明意图
- 信守承诺
- 激发信任
- 经营关系
- 审视你的思维方式

还有一些挑战也直接关系到如何进行一对一面谈：

- 先倾听对方
- 进行高难度谈话
- 直言不讳
- 平衡勇气和体谅

- 让人们敢于说真话
- 辅导潜能
- 允许他人聪明
- 创建愿景
- 明确至关重要目标（WIGs, Wildly Important Goals）

本书中近一半的领导力挑战要么直接有助于一对一面谈，要么其作用在这个过程中被放大。进行一对一面谈不是一种负担或者领导工作清单中的一项。它是一种价值观。在看不到这一点之前，我们在坚持这一行为上会不断打退堂鼓。如果我们的日程与我们的价值观不符，其中一个就得让步。

我（对你和我）的建议是，对于能够进行定期性一对一面谈的频率要持有务实的态度。不要宣布你将要每周进行一对一面谈，然后又把它取消掉。这是一个质量胜过数量的问题，尤其是当消防警报停止的时候。开始的时候要慢慢来。你可以把团队成员召集到一起宣布你的意图，并且可以这样说：

“我希望启动定期的一对一面谈，最初阶段每月一次，其目的在于让大家获得指导，分享成功经验，以及提出对工作造成影响的问题。我可能偶尔会因为某些需要我立即处理的事情取消面谈。如果发生这种情况，我事先请求大家谅解，并且希望大家不要因此认为自己没有被摆在优先位置。我会尽力兑现承诺，让我们互相交流的时间对我们双方都有价值，请尽最大努力做好准备，同时保持灵活性。”

富兰克林柯维公司对于如何组织一对一面谈持有一种观点：首先这是一次以你的同事为中心的谈话，而不是围绕着你。此外，你的讲话应该只占30%，而非70%，因为这毕竟是他们的议程，不是你的。不要把这件事与你定期召开的团队或员工会议相混淆，这些会议中的议程通常全部都是你自己的。

这个挑战我可能是为自己写的。你与我越相像，我越希望你能产生共鸣。如果你是我团队中的一员并且在读这一章，我也真心希望你能让我对此承担责任。

从混乱到成功：
定期进行一对一面谈

- 如果你在进行一对一面谈方面感觉困难，那么你要保证开始的时候节奏慢些。你要认识到，每月一次对于大多数领导者而言只是建议，因为它总比根本一次都不进行要好。更为理想的节奏是每周一次。有许多变量会影响到你的频率。预先承认这些问题对于维护你的可信度和管理期望至关重要。
- 向团队成员宣布你的意图。
- 在进行一对一面谈之前：
  1. 回顾一下本书中的相关挑战，并将其中的技能引入会谈中。
  2. 请记住，团队成员是会谈议程的“拥有者”。
- 在进行一对一面谈期间：

1. 保证你的谈话不超过30%。找出可以用来支持团队成员的举措。请牢记在心，要指导，不要说教。
2. 设法给予适当的反馈。
3. 建议至少用30分钟来切实关注关键状态的最新情况以及“清除路障”的事项。
4. 花些时间用于讨论发展规划和职业路径。

第1天 保持谦逊	**第2天** 富足心态	**第3天** 先倾听对方	**第4天** 表明意图	**第5天** 信守承诺
第6天 掌控自己的情绪	**第7天** 激发信任	**第8天** 角色平衡	**第9天** 知人善任	**第10天** 经营关系
第11天 审视你的思维方式	**第12天** 进行高难度谈话	**第13天** 直言不讳	**第14天** 平衡勇气和体谅	**第15天** 表现忠诚
第16天 让人们敢于说真话	**第17天** 纠正错误	**第18天** 辅导潜能	**第19天** 防止团队疲于应对紧急情况	**第20天** 定期进行一对一面谈
第21天 允许他人聪明	**第22天** 创建愿景	**第23天** 明确至关重要目标®（WIGs®）	**第24天** 推进至关重要目标®（WIGs®）	**第25天** 确保系统支持使命
第26天 交付结果	**第27天** 庆祝胜利	**第28天** 做出高价值决策	**第29天** 引领变革	**第30天** 追求卓越

挑战21

允许他人聪明

你是否需要成为房间里最聪明的那个人?

在工作中与你相处是种什么感觉？想一想你的同事和团队成员会如何回答下面这些问题：

- 和我共事后，你是否感觉更好、更受鼓舞？
- 与我交谈之后，你感觉是受到了鼓舞还是受到了贬低？
- 没有我在旁边想要比你“更胜一筹”，你还会认真讲述吗？
- 你能否与我分享新想法？
- 你能否在与我的辩论中获胜，甚至只是幸存？还是我让你感到疲惫不堪，以至于退让？
- 我是否必须永远是对的，拥有最终的决定权和必须取胜的想法？
- 在我面前你能否感觉自己才思泉涌？
- 我是否允许别人有说话、质疑或头脑风暴的时间？

询问一位同级的同事、直接下属、你的领导、你的配偶或伴侣，或者一位委员会成员：认识你是一种怎样的感受。从这个挑战的角度出发思考他们的回答——你是否会鼓励并且允许他人更聪明？在营销部门当领导的初期阶段，我对当时开展业务的方式（直邮广告、电子邮件、打电话、面对面会谈、一个像样的网站、实时预览事件等）感到轻松自如。但随着时间的推移，我们的客户和影响者越来越懂得如何通过数字渠道查找该行业的解决方案。招聘优秀人才以提高我们的数字化能力，对我来说是早应该做的事了。

我们需要从公司外部招聘员工来提高我们在搜索引擎优化、用户体验、营销自动化、视频制作、社交媒体以及不断变化的B2B营销环境等新战略方面的专业知识。我需要聘请一些在工作的第一天就比我更了解他们的角色的专家。我们聘请了一些非常有才华的业界专业人士，他们在一些范围较小但至关重要的领域拥有深厚的专业知识，而我日渐觉得自己越来越与事无关了。至少我认为如此。

在其见解深刻的领导力书籍《成为乘法领导者：如何帮助员工成就卓越》（*Multipliers: How the Best Leaders Make Everyone Smarter*）**中，莉兹·怀斯曼（Liz Wiseman）让领导者们评估几个关键问题：你是天才，还是天才制造者？你是一个“倍增者”**（能够利用自身的智慧让他人发挥最大才能的人），**还是一个“贬低者”**（让所有人熄火的“房间里最聪明的人”）？

柯维博士在他的一生中几乎没有认同过几本书，而为其撰写前言的更是少之又少。他能为莉兹的书写前言，我为他感到骄傲。领导者们常常自然地倾向于认为自己应该无所不知，而这本书是理解这种倾向的一部杰作。我可以诚实地讲，我的领导风格改变完全归功于她的这本书。我选择了退到幕后，让这个天才团队发挥自己的优势。最终，他们将部门的数字化展现推向一流的水平。（而与此同时我始终会把 Instagram 和 Pinterest 搞混，而且怎么也没弄明白为什么会有买家会在那上面搜索我们。）从一位因最富创造力和前瞻性思维而受人尊敬的领导者，到拼命追赶一群满脑袋新思想、更年轻、在其专业领域确确实实更聪明的人，这一转变并非易事。

简单地说，在我的那个有关“倍增者”的“顿悟”时刻到来之前，我并没有总是能够授权我的团队成员去引领方向、制定战略和分配资源。我通过控制哪些人能够与首席执行官和管理团队对话、哪些人不能，来维护自己的权威和地位。事后来看，我当时很可能扼杀了他人的一些创造力和技能发展，而且假如我对自己的贡献更有自信，或许会激发起本应产生的进步。我理解到，我的工作不是要全知全能，而是要识别和吸引那些懂行的人，并且最重要的是，让他们积极参与其中，带领我们到达一个新的水平。有些人会认为我成功了，有些人会认为我失败了。这就是领导力的世界。

那些感到很难允许别人更聪明的领导者，往往受到自负、不安全感或者想要打断别人以及胜人一筹的欲望的驱使。富兰克林柯维公司的营销部门曾经流传一种说法：“最棒的点子会胜出，只要它是斯科特的。”（这是一个玩笑，我希望如此，而且我愿意保持这种状态。）这里有3个技巧可以用来赋权和吸引他人展示其创造力、经验和观点：

- 思考一下你分别用来讲话和倾听的时间的百分比。这里的倾听不仅仅意味着“听到”另一个人说话——不仅仅是吸收、理解和传达声音含义的物理和机械过程。我所说的是真正的倾听，将注意力集中在对方以及他们所说的内容上。倾听不仅仅是听到声音，而是理解和在意所说的内容。
- 判断何时扮演拥有“正确”答案的专家，何时让你的团队自主完成自己的工作。许多领导者认为自己的工作是尽快提供正确的答案。通常情况下确实如此。但有些时候，让团队成员自主实现目标更加重要，而且他们的能力也会因此再次提升。

- 不要做问题讨论的驱动者。让团队中的某位成员担当领导角色。

从混乱到成功：
允许他人聪明

- 阅读《成为乘法领导者》（*Multipliers*）这本书，同时参与购书附赠的免费在线评估。它一定会让你爱不释手，帮助你成为天才制造者。你未来的员工会因此而感谢你。
- 评估你的范式：你是否愿意让更聪明的人聚集在自己周围？你会雇用能力不及你的人来维护你高高在上的地位，还是会雇用能力比你强的人以提高你所有计划的质量和成功结果的占比？
- 下次在你与一位团队成员进行一对一面谈的过程中，真诚地让他告诉你与你在工作中相处的感受。
- 邀请一位团队成员主持项目会议（你可以出席也可以不出席）。让出位置来，不要干扰他们。
- 下次你主持会议时，请一位值得信赖的同事计算一下你谈话的时间和解决问题的时间的百分比。鉴于你意识到有人在给你计时，你用于主持会议的时间可能比平时少。但是这个方法仍然具有指导意义，它能帮助你看清自己有可能存在的任何无意识地成为“贬低者”的倾向。

第3部分

达成结果

GET RESULTS

第1天 保持谦逊	**第2天** 富足心态	**第3天** 先倾听对方	**第4天** 表明意图	**第5天** 信守承诺
第6天 掌控自己的情绪	**第7天** 激发信任	**第8天** 角色平衡	**第9天** 知人善任	**第10天** 经营关系
第11天 审视你的思维方式	**第12天** 进行高难度谈话	**第13天** 直言不讳	**第14天** 平衡勇气和体谅	**第15天** 表现忠诚
第16天 让人们敢于说真话	**第17天** 纠正错误	**第18天** 辅导潜能	**第19天** 防止团队疲于应对紧急情况	**第20天** 定期进行一对一面谈
第21天 允许他人聪明	**第22天** 创建愿景	**第23天** 明确至关重要目标®（WIGs®）	**第24天** 推进至关重要目标®（WIGs®）	**第25天** 确保系统支持使命
第26天 交付结果	**第27天** 庆祝胜利	**第28天** 做出高价值决策	**第29天** 引领变革	**第30天** 追求卓越

挑战22

创建愿景

你是否清晰表达过一个鼓舞人心的愿景，
让你的员工心甘情愿为之全力以赴？

在现代历史中，在创建和传达愿景方面，华特 · 迪士尼是最具才华的商业领袖之一。

迪士尼发展公司规划的社区“庆典小镇”（Celebration）是一个极好的例子。它是华特心中梦想的现实版，其中位于佛罗里达州奥兰多华特迪士尼世界的艾波卡特中心（EPCOT Center）是其重要的部分。我碰巧熟知这背后的故事，因为我于1992年至1996年曾是该项目的创始团队成员之一。在短短的几年里，迪士尼将10平方英里的空地和养牛牧场改造成了一座全世界最具创意的城镇。庆典小镇展示了一所首创型的公立/私立学校、一系列零售商店、住宅和公寓、一家先进的医院，以及由众多世界顶级建筑师设计的办公楼。小镇最先进的技术孕育了这里被人们称为“杰特森一家遇见梅白瑞（*The Jetsons meets Mayberry*）式”的生活方式。

当然，“庆典小镇”并不完美，但这不是重点。所有这一切都是受到一个人的愿景的启发，一个我认为大多数团队成员从未见过的人。这就是华特·迪士尼愿景的力量，一个他以激情、明确性和一致性来传递给他人的梦想。

我在迪士尼工作的经历告诉我，创立一个大胆的愿景往往不是一件惬意的事。它既可以是令人振奋的，也可以是极具挑战性的。就我个人而言，我一直很擅长创立愿景，并且将其视为我最有价值的领导力强项之一。而且我所说的并非只是想到一个愿景，这不是我们这一挑战的名称。领导者在与团队和同事分享愿景之前，他们是在创造愿

景。他们会清晰地描绘愿景，使其与组织的使命和目标保持一致，以便让任何人都能够在30秒或更短的时间内就它进行交流。

传统的学习理论认为，个体作为学习者可以是视觉型的、听觉型的，或者动觉型的。我其实认为，*每个人*都是视觉型的学习者，除非你有视力障碍。没有蓝图，没人能够获得施工贷款，这个道理同样适用于领导者。无论你是用 PowerPoint、图片、模型还是故事串联图板，创立愿景都需要其他人能够*看到*。而且因为你无法钻进别人的脑袋里去了解他们是否看到（并理解）了你的愿景，你必须确保人们能够清楚地表达出来。我会要求我的同事和团队成员将我刚刚分享的愿景向我复述一遍。通常在复述的时候，他们会带来一些新的东西。这样很好，因为创建愿景往往是一种集体工作。

我之前担任首席营销官的时候，负责围绕众多的活动和计划创建激动人心的愿景，包括“引导师强化日”（或称FED）。这项活动旨在帮助我们的客户引导师（每年有超过5000人获得认证）增强商业敏锐度和关系网，以及提高引导技能。每年，我们的团队会策划一次引人注目的营销活动、邮件策略、纸质邀请函，作为对“引导师强化日”的支持。我们在活动前近一年就完成了这一系列任务，以便我们的合作伙伴能够将其体验传达给他们的客户。在日程表被敲定之前，我们就已经设计和分发了一些次要的产品。这一事实会让行业其他领域的从业者感到沮丧：“东西还没做出来，怎么就可以卖了？”答案很简单：当你能够创建并且清晰表述一个强大的愿景时，你就已经提高了它实现的可能性。这种情况始终存在。比如在电影行业，营销团队会在电影制作过程中的同时制作预告片。一部电影在公映之前的几天还在进行最后的剪辑工作，这是很常见的。

错误的想法是，只要创建了宏大愿景，工作就完成了。你可能熟悉最近弗莱音乐节（Fyre Festival）的大败笔。组织者创立的愿景很有派头：加勒比海一座僻静岛屿上的一场独特的超豪华音乐节，伴有如云美女、现场乐队、湛蓝海水中的豪华游艇。音乐节组织者向“网红”们支付了数十万美元，请他们通过社交媒体分享这一愿景。

唯一的问题是，这一愿景与现实完全脱节。

当慕名来参加这场门票已售罄的活动的人们到达现场时，却发现摆在眼前的是经过改造的飓风帐篷，而不是豪华别墅；是奶酪三明治，而不是美味佳肴。随着前来参加音乐节的人们纷纷离岛，整件事陷入了混乱之中。确实，单凭一个伟大的愿景是不够的。

有效的领导者需要创建愿景、实施愿景并将其付诸实践。这是我们公司“卓越领导4大天职”培训产品所教授的内容。**一般来说，创建愿景意味着要对团队的目标以及实现目标的方式做出定义。要注意这里的“方式”部分。在声势浩大的宣告之后，便退而坐等愿景的实现，这种现象在领导当中并不罕见。**事实上，许多大胆的策略从未进入启动阶段，因为团队成员要么是一头雾水，缺乏激情，要么是持有一种“这次还是一阵风”的态度。

创建愿景，有效地传达愿景，并将其转化为日常行为，需要许多才能。好消息是，这些才能是可以习得的：

- 根据企业文化调整你的讯息。你是否在和听众用同一种语言说话？你所使用的术语是否能让每个人都能理解？其他人能否从你的讯息中看到自己？
- 制定一个切实可行的愿景。两年内占领火星的大胆愿望听起来很愚蠢。调整你的愿景，让它的实现存在一定难度，难度很可能相当大，但仍然可以实现。愿景必须是可以实现的。
- 抓住每个适当的机会阐明并重复愿景。反复这样做，直到你宣讲愿景的次数多得连你自己都无法忍受为止。即使你对自己的愿景也感到了疲惫，你可能只成功了一半。不要因为你自己心中十分清楚愿景是什么，就认为他人对此也清楚。这是一种致命的错误。愿景必须通过不懈的追求和不懈的沟通，才能成为现实。
- 创造代言人。将同事们组织在一起传达你的愿景，并且确保他们能理解。不要在他们面前显得高人一等，但要让他们重复给你听。让他们提出问题，推动你，思考所有的假设问题。你的代言人越了解，他们就越有可能成为忠实的转述者和支持者。考虑录制一些自己的视频和音频，并以书面形式阐明你的愿景，以便每个人都能理解。

这里的一些建议可能显得学究气太浓，但其目的是强调这样一个现实，即任何一位领导者都不曾过度传达一个振奋人心的愿景。值得为之付出努力的目标远大的项目和计划失败的原因通常是领导层错误地认为这些项目和计划已经在整个团队或组织中得到了充分的理解。或者在某些情况下，连他们自己也失去了兴趣。

从混乱到成功：
创建愿景

- 通过回答以下问题来创建一个团队愿景：
  1. 我们的团队可以为组织的任务和愿景做出哪些贡献?
  2. 如果我们的团队在未来的一到五年内能够做出一项非凡的贡献，那会是什么?
- 稍微停下来，回忆一个让你产生共鸣的激动人心的愿景。是什么让它带给你如此大的激励和力量?
- 为你的团队创建一个愿景，不仅要明确阐述其原因、内容，更要阐述其方式。其中的“方式”很可能是成功的关键。

第1天 保持谦逊	**第2天** 富足心态	**第3天** 先倾听对方	**第4天** 表明意图	**第5天** 信守承诺
第6天 掌控自己的情绪	**第7天** 激发信任	**第8天** 角色平衡	**第9天** 知人善任	**第10天** 经营关系
第11天 审视你的思维方式	**第12天** 进行高难度谈话	**第13天** 直言不讳	**第14天** 平衡勇气和体谅	**第15天** 表现忠诚
第16天 让人们敢于说真话	**第17天** 纠正错误	**第18天** 辅导潜能	**第19天** 防止团队疲于应对紧急情况	**第20天** 定期进行一对一面谈
第21天 允许他人聪明	**第22天** 创建愿景	**第23天** 明确至关重要目标®（WIGs®）	**第24天** 推进至关重要目标®（WIGs®）	**第25天** 确保系统支持使命
第26天 交付结果	**第27天** 庆祝胜利	**第28天** 做出高价值决策	**第29天** 引领变革	**第30天** 追求卓越

挑战23

明确至关重要目标®（WIGs®）

是否每位团队成员都了解
团队最重要的两三个事项，
并且知道如何调整自己的各项工作
以实现这些重要目标？

多多未必益善，质量好才是真的好。当然如果是比萨，则需另当别论；我们不能不承认，比萨总还是多多益善的。面对大多数非常棒的（甚至只是一般的好）点子，总是抑制不住要答应去做，这大概是领导者们容易落入的最大陷阱。我是否也曾掉进过这样的陷阱？那是毫无疑问的。我喜欢说“yes”，但我必须刻苦修炼的是学会优先对“至关重要目标”说“yes”，而不是一大堆其他的好点子。所谓“至关重要目标”（我们亦称为 WIGs），指的是少数的几个必须实现的极为重要的目标，或者说没有任何其他比它们更重要的目标。尽管至关重要目标至关重要，但人们倾向于关注当天紧急情况的习惯还是会让它们遭到冷落（见挑战19）。

注意力分散给太多新的想法，你就会陷入疲于救火的窘境。不久前我在阅读《成为乘法领导者》这本书时，突然间获得了一个职业方面的顿悟。我开始意识到原来自己就是被作者称为“点子王”的那种人——六种“意外贬低者”（之前在挑战21中提到过这个概念）中的一种。“点子王”总是想要更多的东西，想说更多的话，想要进行更多的发明创造，同时也为人们带来更多的东西。这是他们一度用来证明自我价值的方式：总是会提出各种让聪明且专注的人能够欣然接受的解决方案，而他们之所以能成功推销这些方案，通常靠的是个人魅力和独特的天赋。

最开始，这些“点子王”会是赢家。他们会赢得预算、时间、注意力、重点关注和资源，然后凭借自己的计划化险为夷。在那一刻，他们被看作有价值（因为他们确实有），而且他们不懈的努力使得组织进一步接近了某个目标，至少表面上是这样。但问题在于：虽然在解决迫在眉睫的短期问题上，这些想法常常能够表现出非凡的创造力和说服力，但它们会更多地分散对组织的至关重要目标的注意力。这并不是说有创意的人（也就是那些“点子王”）在任何的组织创新需求中不是不可或缺的。他们很可能是无价之宝，他们所需要的或许只是引导和纪律。

我怀疑《成为乘法领导者》的作者在创建这种类型时，浮现在她头脑中的那个人就是我（或者也可能是你？）。领导我们这样的“点子王”的人需要具备辨识能力，用来平衡我们的能量和干劲与更长期的必行计划。这种平衡通常意味着有能力对下一个极具诱惑力的新想法说不。我敢打赌，很少有人真正考虑过自己漫不经心的“yes”会造成怎样的后续影响。卓越的领导者不会不理睬“点子王”的才华，而是会充分利用，从而实现最重要目标。

那么究竟应该如何去确立团队的至关重要目标呢？最开始不要问“哪些是我们应该关注的至关重要的事情”，而是应该问“在我们的业务中，哪一个领域在所有其他领域都维持现状的条件下，其变化所造成的影响最大”。对此，在克里斯·麦克切斯尼、肖恩·柯维和吉姆·霍林合著的畅销书《高效能人士的执行4原则》（*The 4 Disciplines of Execution*）中有更全面的概述。通过这种方式你就可以列出一个有可能成为至关重要目标的项目清单。然后，将这些目标与团队成员分享，以征求其意见建议，并达成共识。

为了提高寻找到至关重要目标的可能性，可以考虑以下几点：

- **通力合作**。与重要的利益相关方一起找出最重要目标，然后共同讨论这些至关重要目标是否真的名副其实。为此，可以提出这样一个问题："如果真的予以实施，这些目标所产生的回报是否能够证明其取代其他目标成为WIGs的合理性？"不要忘记，并不是每个目标都能成为至关重要目标。
- **做出选择**。选择你打算**放弃**实施的计划。将你否定的项目告知团队，这样团队成员就会对你肯定的项目予以重视。
- **精准描述**。用清晰明了、便于操作的语言构建目标。《高效能人士的执行4原则》教给我们一个简单的公式："在某个时间点之前从X到Y。"例如，**我们计划在12月31日之前将客户保留率从84%提高到91%**。
- **沟通**。将目标足够清晰地传达给团队成员，以便所有相关人员都能以与你同等的重视程度和理解程度来宣传这些。
- **目标追踪**。对目标实现的进程跟踪记录。用一个醒目的记分表，以便所有人都能一目了然地看到你是否成功地实现了目标。
- **授权**。确保参与目标执行的每个团队成员都了解各自的职责，并且知道需要参与哪些新的或者不同于以往的行动。同时也要留意你自身需要做出哪些行动上的改变。
- **开会**。计划并主持定期会议，以检查目标和记分表的状态，汇报得失情况，并且为实现至关重要目标做出进一步指示。

- **庆祝**。至关重要目标实现后，要对成功的结果予以表扬，然后转向下一个至关重要目标。

我曾经有个坏名声，就是在管理团队的会议上，一旦有机会出现或者有挑战性的事情发生，我就会问“那么，如果我们……”，甚至这句话有可能会成为我的墓志铭。这历来是我即将滔滔不绝发表创造性（但也是干扰性的）想法的开场白。当我开始有意识地将注意力集中于至关重要目标之后，我发誓再也没有如此频繁地使用这个短语了，因此我们公司在很大程度上得以保持了对至关重要目标的专注。这会是一个很难打破的习惯，而如果你是一个像我一样的“点子王”，则是难上加难了。

从混乱到成功：
明确至关重要目标®（WIGs®）

- 与团队一起确定两三个必须实现的优先事项，除此之外所做的任何事情都不重要。
- 确定每个至关重要目标的起始线、终点线和截止日期：“在某个时间点之前从X到Y。”
- 让至关重要目标与组织的愿景、使命和战略保持一致。
- 遵循商业作家吉姆·柯林斯的睿智建议，给予“不办事项”和“待办事项”同等的关注度。

第1天 保持谦逊	**第2天** 富足心态	**第3天** 先倾听对方	**第4天** 表明意图	**第5天** 信守承诺
第6天 掌控自己的情绪	**第7天** 激发信任	**第8天** 角色平衡	**第9天** 知人善任	**第10天** 经营关系
第11天 审视你的思维方式	**第12天** 进行高难度谈话	**第13天** 直言不讳	**第14天** 平衡勇气和体谅	**第15天** 表现忠诚
第16天 让人们敢于说真话	**第17天** 纠正错误	**第18天** 辅导潜能	**第19天** 防止团队疲于应对紧急情况	**第20天** 定期进行一对一面谈
第21天 允许他人聪明	**第22天** 创建愿景	**第23天** 明确至关重要目标®（WIGs®）	**第24天** 推进至关重要目标®（WIGs®）	**第25天** 确保系统支持使命
第26天 交付结果	**第27天** 庆祝胜利	**第28天** 做出高价值决策	**第29天** 引领变革	**第30天** 追求卓越

挑战24

推进至关重要目标®（WIGs®）

团队成员的各项努力是否有助于推动目标的实现？
如何才能让他们更轻松地做到这一点？

在上一挑战里我们讨论了确定并与团队成员分享至关重要目标（WIGs）。这一挑战我们将重点关注如何具体实现至关重要目标。为此，我们将关注点放在每个人的行动上，使它们既符合又服务于至关重要目标的实现。但由此引发出一个简单的问题：你和你的团队成员是否知道这些行动（行为）应该是什么？

如果一个目标被上升到至关重要目标的地位，那么它对于团队和组织的生存或发展便是至关重要的。而这同时也意味着，并非每一个想要实现的团队目标都能够成为至关重要目标，因为那样一来，调集更高级别的关注、时间、资源和注意力的意义和积极性就会被稀释掉。这里又有一个你需要牢记的公式：每个目标都是WIG=你是个骗子。

你可能听说过（并且可能与人分享过）这样一句名言，“极端的愚蠢就是一遍又一遍地重复同一件事，期待会产生不同的结果”。如果我们不去计较阿尔伯特·爱因斯坦是否曾经说过这句话，这句名言还是相当有价值的。对于领导者而言，与至关重要目标保持一致就意味着每个参与者都必须做出行为上的改变。引用柯维博士的话，“说起来容易，做起来难”。

有意义的变化是由内而外产生的。这种改变必须从你这位领导者开始。你需要用心去改变，并且真实地展现出新的行为。当你的行为发生改变时，别人会看到你对实现至关重要目标的坚定信念。你也可以选择进一步提高风险系数：在启动新目标之时，当众宣布你改变自我行为的意愿。这是一种兼具高风险与高回报的策略。人们会观望，而且会持续观望。他们会一直观察，直至你的行为因你的坚持不懈而变成一种新常态，或者，你感到乏味或者半途而废，而被人看作伪君子。你选择的行为变化应该与你希望在团队成员身上看到的行为变化在处于同一层面，除非你的角色与团队成员的相隔较远，或者范围较窄。首席营销官所从事的至关重要目标的工作层面很可能是与数字内容经理或社交媒体主管截然不同。而共同之处在于能让所有人看得到的新的、更好的行为。

为了确保团队能够更准确地依据至关重要目标调整行动，召开会议并就你们相互之间对对方具体行为的需求展开交流讨论。这在一开始会给人一种屈尊俯就的感觉，但让别人盲目地猜测自己应该做什么，却是你作为领导者的失职。即使是最成熟老道的人也有可能需要别人帮助他弄清楚自己应该“新”在什么地方。正如在我们公司走廊里经常会听到的那句话：“没有参与，就没有承诺。”

以下是一些能够帮助你确保行动与至关重要目标之间一致性的具体措施（节选自富兰克林柯维公司的畅销书《高效能人士的执行4原则》）：

- 集中优势兵力主攻一两个影响力最大的目标（而不是为几十个目标付出平平常常的努力）。
- 选择有助于赢得战争的战役。列出一长串用来实现至关重要目标的任务项并非难事。但你应该问的是：“为了赢得这场战争，最少需要打多少场有必要的战役？”将注意力集中在能让你夺得胜利的关键项目上。

- 可以否决，但不要发号施令。允许你的领导和团队成员来确定用来支持最重要目标的行动。你的作用是负责清晰化，你的下级领导者会调动员工积极地参与（如果你允许他们参与进来的话）。
- 设置一个基于“在某时间前从X到Y”形式的终点线。为了确保行动与至关重要目标之间的一致性，你必须有一个明确的可衡量的结果，以及实现该结果的期限。虽然这一理念在之前的一个挑战中已经提到过，但基于其在客户当中屡经验证的成功结果和影响，仍旧值得对它反复提及。

根据我对那些成功地将行动对准至关重要目标的领导者的观察，他们所做的不只是高调宣扬某个鼓舞人心的新的项目启动——在如何计划自己的每一周和每一天的时间以及如何配备和使用资源方面，这些人都做出了根本性的改变。他们因此在个人成熟度、商业敏锐度和影响力方面取得了显著的提高，与此同时也获得了实现“必得”目标的满足感。难道这不正是每个领导者分内的事吗？

从混乱到成功：

推进至关重要目标®（WIGs®）

- 与团队一起针对将会有助于他们实现至关重要目标的具体行为展开讨论。
- 为了获得不同于以往的新成果，每个人都可能需要学习一些新的东西，做一些不同的事情。你应该勇敢地让团队成员依据他们自身的判断力指出你应该实施哪些新的行为用以推进至关重要目标的实现。这样，他们或许会更容易接受你针对他们的行为提出的建议。
- 以自身更加完善的新的行为引领团队，并借此来指导他人，而不是让他们感到羞愧。
- 确保团队成员能够拥有全局观，而不是目光短浅地只盯着自己分内的工作。

第1天 保持谦逊	**第2天** 富足心态	**第3天** 先倾听对方	**第4天** 表明意图	**第5天** 信守承诺
第6天 掌控自己的情绪	**第7天** 激发信任	**第8天** 角色平衡	**第9天** 知人善任	**第10天** 经营关系
第11天 审视你的思维方式	**第12天** 进行高难度谈话	**第13天** 直言不讳	**第14天** 平衡勇气和体谅	**第15天** 表现忠诚
第16天 让人们敢于说真话	**第17天** 纠正错误	**第18天** 辅导潜能	**第19天** 防止团队疲于应对紧急情况	**第20天** 定期进行一对一面谈
第21天 允许他人聪明	**第22天** 创建愿景	**第23天** 明确至关重要目标®（WIGs®）	**第24天** 推进至关重要目标®（WIGs®）	**第25天** 确保系统支持使命
第26天 交付结果	**第27天** 庆祝胜利	**第28天** 做出高价值决策	**第29天** 引领变革	**第30天** 追求卓越

挑战25

确保系统支持使命

真正能发挥作用的领导者会制定出
更易于取得成果的系统。
你最近一次“检查系统”是在什么时候？

你是否曾独立而清醒地做出决定，放弃某个你正在使用的牙膏，改换其他品牌？我的意思是完完全全由你自己做决定，不受任何营销、广告、朋友推荐、优惠券或者牙医提供的免费样品的唆使。大概不曾有过吧。这可能与人性有关，我们会在简单的问题上模式化，以便我们的大脑能够应付更大的问题。我不是神经科学家，但我骄傲地拥有着一个大脑。这种观点在我看来很有道理。

类似的事情同样发生在组织中。我们会模式化，尤其是当其所处的业务领域看上去不错时。“足够好”变成了“最好保持现状”。我们经常会退守一旁，让系统自行运转，即便这些系统并不完全符合使命和目标的要求。或者，我们会大发牢骚，这就意味着运营部门将会成为公司的替罪羊。在任何系统中，许多运行部件永远都不会像抱怨者（就是你和我）想象的那样简单。举个例子：当我和我妻子面对一些我们无法理解的系统或程序时，她会问“为什么他们就不能这么做”，我的回答通常会让她感到极度无望，“我相信他们肯定有自己的原因。表象的背后总有更多看不见的事情发生”。事实情况是，即便是搜集了事实，我们也真的很少能够掌握全部的真相。

即使在小型组织中，系统也存在着其固有的复杂性。它们是一种不可或缺的魔鬼，有点像西蓝花（不加奶酪酱），恼人却必要。

组织的系统是每个人的责任。它们不仅仅是用来抱怨的，而是更需要理解、支持和完善。比如，如果我认为某个供应商的价格过高，那么作为领导我有责任了解当前的策略。首先我会站在系统所有者的立场假定其善意的初衷，然后如果仍有疑问，我会安排一次会议。我建议对此类会议一定要仔细甄选，同时要做好心理准备，去了解一大堆你之前从未知晓的事实。每次召开此类会议时，我最终总会了解到一些让我高明的解决方案站不住脚的东西，而且几乎无一例外。但在会议结束后，我会对这个系统存在的**理由**有更深入的理解，并且能够把我的理解清楚地传达给我的团队。我在理解上的提升也帮助了团队去接受现实（并且在未来更谨慎地旋转轴战场）。

并不是说我即使在有能力的情况下也不去质疑现有的程序并寻求改进。**每位领导者都有这样一个使命：要么改变，要么灭亡。要么不断改进制度，要么被抛在后面。**一些系统和流程似乎是要让每一件事情都慢下来，而这是一个不争的事实。什么样的神志正常的人会设计出一个用来减速的系统？（除非是设计 Crock-Pot 慢炖锅的超级大脑——感谢你让我能在冬天的星期日用8个小时烹制橙浆烤猪肉。我爱你。）

以你的团队为例思考这样一些问题：你的系统是否能为团队的使命提供支持？你是否曾耐心、尽职地研究过你的系统在多大程度上符合或者不符合战略、最重要目标以及客户的需求？你的员工有哪些需求？下面是一些需要思考的关于系统一致性的问题：

- 拥有妥当技能的正确人员是否在做着正确的工作？
- 确保人员之间有效合作的职能和职责是否就绪？
- 人员表彰和奖励的方式是否恰当？

- 达成结果所需的适当资源是否准备妥当?
- 正确的决定是由一线工作人员做出的吗?
- 我们是否有完成最重要工作的正确流程?

富兰克林柯维公司的首席运营官科琳·多姆用这样的一句话描述她的团队的角色："我们不是制定公司的战略，而是去理解这一战略，并且创建出实施战略的系统。我们要确保我们部门不会成为公司业务发展的障碍。"

令我深感钦佩的是，科琳和她的团队小心谨慎地管理着4个与系统相关的层面，从而保持公司的运转尽可能精益和快捷：

- 为客户提供支持，协助他们方便、经济地采取和实施我公司的解决方案，并最终实现他们的目标。
- 为公司销售人员和交付人员提供支持，帮助他们完成上述工作目标，并且保持高敬业度。
- 保护公司以及公司的知识产权、品牌和声誉。
- 增加收入并为股东赚取利润。

尽管你可能无法直接控制工作中的所有系统和流程，但盲目地接受它们并且安于现状也是行不通的。你的工作是去弄清楚任何有可能偏离使命和目标的系统的逻辑依据和细微特征，并且影响（或者，如果你有权力，制定）改进措施。

虽然组织的使命不太可能发生变化，但系统极有可能会变。因此，或许有必要进行定期评估，以确保二者之间的一致性。效率的提高、新的规则、烦琐程序的减少等，通常会有助于提高盈利能力和精简程度。只是一定要确保这些变化不会降低你的能力，或者与你实现使命的最终目标相抵触。

说不定，你甚至有可能喜欢上“西蓝花”。（如果佐以正确的支持性系统，即柠檬汁、奶酪酱、盐和一杯餐后的巧克力牛奶饮料，那就更有可能了。）

从混乱到成功：
确保系统支持使命

- 考察一下现有系统对公司的使命、客户、销售人员、品牌、声誉、产品开发和其他重要职能的支持情况。
- 确定一个经过改进或简化，有可能对多个利益相关方产生超乎寻常的积极影响的系统。
- 深入研究这一看起来与目标不符或者过于烦琐的具体系统的各个方面。展开尽职调查，以掌握更深层次的细微特征。

第1天 保持谦逊	**第2天** 富足心态	**第3天** 先倾听对方	**第4天** 表明意图	**第5天** 信守承诺
第6天 掌控自己的情绪	**第7天** 激发信任	**第8天** 角色平衡	**第9天** 知人善任	**第10天** 经营关系
第11天 审视你的思维方式	**第12天** 进行高难度谈话	**第13天** 直言不讳	**第14天** 平衡勇气和体谅	**第15天** 表现忠诚
第16天 让人们敢于说真话	**第17天** 纠正错误	**第18天** 辅导潜能	**第19天** 防止团队疲于应对紧急情况	**第20天** 定期进行一对一面谈
第21天 允许他人聪明	**第22天** 创建愿景	**第23天** 明确至关重要目标®（WIGs®）	**第24天** 推进至关重要目标®（WIGs®）	**第25天** 确保系统支持使命
第26天 交付结果	**第27天** 庆祝胜利	**第28天** 做出高价值决策	**第29天** 引领变革	**第30天** 追求卓越

挑战26

交付结果

你和你的团队是否是在交付行动，而不是结果？
交付的结果是正确的结果吗？

从混乱走向成功往往需要有一位能够支持和引导你的领导。让我受益匪浅的是一位首席执行官。他对我的影响一直围绕着我的一个特殊毛病：专注力。并不是说我不能专心致志地工作并且完成任务（恰恰相反），问题对于是我专注的事情，当我执行之后会发生什么。我想这位首席执行官大概会这样描述："斯科特能干成任何事，但这并非总是件好事。"

且慢！我相信你一定在想，能够干成任何事怎么可能不是件好事？原来，事情是这样的：因为我有影响力，熟悉组织的内外情况，并且能够获得资源，所以我可以轻而易举地将许多人的时间和注意力转移到"B"，尽管实际上对组织而言最重要的是"A"。事实是，能够获得结果还不够，领导者必须以正确的方式获得正确的结果。所谓"正确的结果"，是指你正在努力实现的东西对组织而言是正确的优先事项。你需要不断地重新调整，不断地与你的领导一起核查，以确保你正在做的事符合组织的需求。而"正确的方式"则意味着获得结果的方式不会让你的团队感到精疲力竭，不会让他们受到伤害，或者打消他们的积极性。领导工作并不仅仅事关跑完眼前的一场马拉松比赛，而是要考虑到这一场马拉松以及接下来的30场，乃至更多场比赛。

我们可以从赛马领域获得一些启示。没有人会质疑赛马看的是结果。赛马是在马的主人、训练师、骑师和马匹之间形成的一种独特的合作伙伴关系，各方通力合作以求赢得比赛。然而，你却不会看到有哪位专业骑师骑着一匹带伤的马完成比赛。你会看到充满爱与尊重的令人感动的一幕：在一场高赌注的赛马比赛中，骑师会中途跳下马，停下来抱着马脚，以免它受伤。《多伦多太阳报》这样写道："骑师的首要工作是确保他的坐骑安然无恙。然后，如果这匹马还有能力，再去努力赢得比赛……但如果骑师感觉到某些事情不对劲儿，那么无论情况如何都应终止比赛。"这位作者所谈到的是2015年的那场价值150万美元的查尔斯镇精英赛。在那场比赛中，迈克·史密斯让名驹"信念一致"中途退场。毫无疑问，赢得这场重金比赛对"信念一致"的主人来说非常重要。但他们清楚，获得结果也意味着赢得未来的比赛，而不仅仅是眼前的这一次。沿着这一观念再延伸一步：每个从事与赛马相关工作的人都知道，如果这匹马的伤势已经让它无法再参加将来的比赛了，那么他们会把它作为种马留下来（这种选择并非站不住脚）。如果马受伤太过严重，已经不能站立或行走，那么他们可能不得不让它安乐死（一个悲剧性的选择）。

非常遗憾的是，许多领导者没有意识到应该像骑师对待受伤或者挣扎中的赛马那样对待自己受伤或者挣扎中的团队。

现在，让我们将重点从领导者如何对待自己的团队转移到如何交付正确的结果上。你在交付结果方面有着怎样的名声？套用亨利·福特的话，"没有人能将他的名声建立在为计划做出的许诺上"。除非那名声本身就是违背承诺。这让我想起了一部很久以前的西部片。影片里一名枪手走到酒吧里的一个牛仔跟前。牛仔端着酒杯，转头冲着枪手说："你不愿意朝一个手无寸铁的人开枪，对吧？试想一下这会对你的名声造成什么影响。”枪手毫部犹豫地回答：“是的，但那就是我的名声。”

如果你是位领导者，那么你已经具备了推动结果实现的名声。问题是，这是一个什么样的名声？领导者们常犯的一个错误是将输入（行动）与输出（结果）混为一谈。事实上，几十年来，以“忙碌”而著称是一种人们求之不得的状态。人们倾向于将“忙碌”等同于“高产”。忙碌的工作者很受欢迎，他们是在增加价值。多任务处理曾经风靡一时，而且通常被描述为一项实际的能力。

2002年，《哈佛商业评论》发表了一篇题为《当心繁忙的经理》的文章。该文章指出，领导者正在为过度忙碌而付出代价。作者发现，90%的经理都在浪费自己的时间，而只有10%的经理能够有效、专注、理性地利用自己的时间。

如今，“忙碌”等同于“高产”的假象在几乎所有的文化中（除了最古老的文化之外）都已经被揭穿。忙碌在当今时代显然不再是酷的代名词。富兰克林柯维公司甚至制作了一部名为《忙，忙，忙》（*Busy, Busy, Busy*）的动画片，在“高效能经理的七个习惯®”（*The 7 Habits for Managers®*）培训中演示。影片用隐喻的手法讲述了一群疯狂忙碌着的无头卡通小鸡，到处跑来跑去，最后忙到了让整个产蛋公司因疲劳过度而倒闭的地步。假如是在大约1997年至2014年间，他们完全可以让我担任主角和配角的。片名就叫《斯科特·米勒生活中的一天》。我向你保证，如果你观看这段视频，你不仅会产生共鸣，而且其中的主题歌也可能永远在你的心头萦绕。请访问 ManagementMess.com，你会看到一些有趣的东西。

输出结果要求领导者们摒弃行动等同于结果的信念，而且要认可，实现正确结果的方式是确保工作不偏离组织的使命和目标。这样的领导者会以谨慎和体谅之心领导团队，从而能以正确的方式取得成果。他们会留意团队的健康和幸福感，因此他们所赢得的不仅仅是当前的比赛，而且也包括无数次未来的比赛。说不定这会避免首席执行官从他们忙碌的一天中抽出时间来控制你呢（意在一语双关）。

从混乱到成功：
交付结果

- 你是否评估过你所交付的结果是否与领导期望的结果相同？通过额外项目超额输出结果是很不错，但这些成果不能以牺牲你的核心职责或业务目标为代价。
- 积极主动地与你的领导一起核查，以确保你的行动符合并且专注于正确的优先事项。目标会发生转变，而你可能无法一直实时意识到它的变化。
- 主动对你的工作表现进行审视。不要认为你的结果会不言自明，你可能需要根据收到的反馈对其进行强调或更正。
- 认真调整你对团队施加的压力，以确保你当前取得结果的方式能够让他们将来再次取得结果。
- 要记住，指导的目的是结果，而不是行动。

第1天 保持谦逊	**第2天** 富足心态	**第3天** 先倾听对方	**第4天** 表明意图	**第5天** 信守承诺
第6天 掌控自己的情绪	**第7天** 激发信任	**第8天** 角色平衡	**第9天** 知人善任	**第10天** 经营关系
第11天 审视你的思维方式	**第12天** 进行高难度谈话	**第13天** 直言不讳	**第14天** 平衡勇气和体谅	**第15天** 表现忠诚
第16天 让人们敢于说真话	**第17天** 纠正错误	**第18天** 辅导潜能	**第19天** 防止团队疲于应对紧急情况	**第20天** 定期进行一对一面谈
第21天 允许他人聪明	**第22天** 创建愿景	**第23天** 明确至关重要目标®（WIGs®）	**第24天** 推进至关重要目标®（WIGs®）	**第25天** 确保系统支持使命
第26天 交付结果	**第27天** 庆祝胜利	**第28天** 做出高价值决策	**第29天** 引领变革	**第30天** 追求卓越

挑战27

庆祝胜利

你用在庆祝目标实现上的时间是否和预设的一样多?

不久前，我构想出一个大张旗鼓庆祝一次重大胜利的创意。那时我正在主持一个由一些来自世界各地的商业领袖参与的会议——这是一群非常成功的人士。在成为其各自国家的富兰克林柯维公司解决方案代理合作伙伴之前，他们中的许多人都有过不凡的职业经历。

我的目标是庆祝他们在建设数据库方面取得的成功，同时希望他们能在增加目标受众人数方面取得重大飞跃。你知道，我是想要庆祝他们目前的成功，同时向他们展示一个有可能实现的愿景。

那么，我是否策划了一场伴有五重奏乐团演奏巴赫的盛大庄重聚会？没有。我准备了诱人的葡萄酒和奶酪？没有。我让工作人员将3门花纸礼炮推到气氛温馨的聚会现场，与此同时我宣布了各个国家潜在客户的统计数据——这里有几十万，那里有大约100万，所有数据库加起来共有2800万潜在客户。这个数字说出来还是相当惊人的，而去真实体验这个数字更是令人印象深刻。一声令下，花纸礼炮齐鸣。霎时间，空气中飘洒着2800万片五彩纸屑。

一些原本严肃保守的高管从座位上跳起来，许多人掏出手机录视频，而另一些人则开始随着同时响起的背景音乐跳舞、欢笑，开心庆祝。五彩纸屑雨不断地下，我甚至需要在某个时段向大家发放雨伞。（我向酒店清洁人员道歉，他们可能至今仍在诅咒我。）请访问 www.ManagementMess.com 观看此次庆祝活动的片段，相信会给你带来视觉上的享受。

你可能在心里嘀咕："当然啦，斯科特，你有钱买礼炮和五彩纸屑，那当然不成问题，可是我没有。”我理解你的意思，但重要的是：**预算永远不应该限制你庆祝胜利的能力。能从庆祝活动中得到些免费的食物或礼物，人们可能为此感到开心，但我敢保证如果你投入些时间赞赏他们，你会给他们留下更强烈、更持久的印象。哪些事情可以让你一分钱都不用花？你可以在前一天晚上花一个小时的时间列出每个人对重大胜利的特殊贡献。事实上，我鼓励你把这些内容记在心里。然后第二天，对会议室里的人逐一分享你的赞美。**我保证这很可能会成为你的团队成员永远都不会忘记的一件事。我对这种做法的效果深信不疑，以至于在我的婚礼前的排练晚宴上，我记住了每位出席者的姓名、容貌和背景。我在房间里走了一圈，叫出了每位参加婚宴的人的名字，并且略微谈了谈他们以及他们在我和我的未婚妻心中的重要地位。毫无疑问，这是成本最低（长远来看）的婚庆活动。但是否令人难忘？绝对的。

作为领导者，你要记住，人们喜欢赢，但不是“虚假”的赢。你的团队希望为此而努力，但他们不希望终点线被改变，他们不想在此过程中自杀。任务结束后，他们想要庆祝胜利。那么，是什么妨碍了人们庆祝胜利呢？原因之一，就是完美主义者。

完美主义者会设定一些高得离谱的目标，让那些被他们争取过来实现这些目标的人们感到精神崩溃、濒临绝望。他们会招募一些积极的、有能力的人跟随他们，投入到我称为“追逐妖精”的活动中。如果你认为你最终会赢得那一桶金，那你简直疯了。

我和大多数人一样，渴望生活中能多些完美——从我的机械修理工、电梯工程师、外科医生，最终到我的殓尸官——但是对于一个领导角色来说，这种愿望必须予以淡化。如果你是一个完美主义者，你应该定义什么是“出色”（而不是“完美”），并且在你和你的团队达到这一水准时要为此感到自豪。仅仅因为某个对成功的不现实的定义让你感到自己没有取得成功，并不意味着你真的没有取得成功。

领导者还必须努力抵制想要等待适当的“特殊场合”来进行庆祝的强迫症。从前，当人们还在看那种100多磅重、只有3个频道和1个用衣服架改装的天线的电视机的时候，“早安美国”有一位名叫欧玛·庞贝克的常客。她是一位妻子、母亲、记者和讲真话的人。她是个神奇的人物。她的书至今仍然在我最喜欢的读物之列。（其中的必读书目包括《化粪池那边儿的草总是更绿》（*The Grass Is Always Greener Over the Septic Tank*）《当你看起来像护照上的照片时，你该回家了》（*When You Look Like Your Passport Photo, It's Time to Go Home*）。）欧玛留给我们最令人难以忘怀的记忆之一是她讲过的一件趣事：我们倾向于保存、爱惜并且从不使用精美的瓷器、纪念品、相册等。她充满智慧地说：“我本应该在那支雕刻成玫瑰形状的粉红色蜡烛在存放的过程中融化掉之前点燃它。”

欧玛给我带来了启示，让我决定把我所拥有的每件东西都用完，并且享受它们。举个例子，我的岳父最近给了我一瓶他私藏的陈年香槟。那上面附带着一张纸条，写着“留到某个非常特殊的日子再打开”。在接下来的那一周，他卖掉了一项长期在售的财产，于是我打开了香槟。这让我的岳父感到很生气，但只要可能我都会开开心心地用完我的东西。

作为领导者，你有哪些资源正在被浪费掉？我的建议是，点燃那支玫瑰形状的蜡烛。不要仅仅为了等待某个“非常特殊的日子”而不及时庆祝。而另一方面，也不要对每一项成就都庆祝一番，因为那样你会失去信誉，而且一切都会变得不那么重要了。要为庆功找到合理的理由，并且要大方地使用你的“东西”。如果你有可自由支配的预算，那就花点儿钱。最重要的是，花些时间用来表彰团队成员的成就。如果你能用花纸礼炮，那效果也会相当不错。

从混乱到成功：
庆祝胜利

- 了解你所处的文化对庆祝活动的偏好：足够了？还不够？还是太多了？
- 评估你的员工真正“获胜”的能力。你的目标是否过高，以至于适得其反，让人感到精神崩溃？
- 策划你的团队的下一次庆祝活动：
  1. 应该表彰哪些贡献？
  2. 概括一下你想对每个团队成员说的话。内容要具体。
- 为个人或团队准备适当的奖品。要根据受奖励者的偏好和项目的范围定制奖品。

第1天 保持谦逊	第2天 富足心态	第3天 先倾听对方	第4天 表明意图	第5天 信守承诺
第6天 掌控自己的情绪	第7天 激发信任	第8天 角色平衡	第9天 知人善任	第10天 经营关系
第11天 审视你的思维方式	第12天 进行高难度谈话	第13天 直言不讳	第14天 平衡勇气和体谅	第15天 表现忠诚
第16天 让人们敢于说真话	第17天 纠正错误	第18天 辅导潜能	第19天 防止团队疲于应对紧急情况	第20天 定期进行一对一面谈
第21天 允许他人聪明	第22天 创建愿景	第23天 明确至关重要目标®（WIGs®）	第24天 推进至关重要目标®（WIGs®）	第25天 确保系统支持使命
第26天 交付结果	第27天 庆祝胜利	第28天 做出高价值决策	第29天 引领变革	第30天 追求卓越

挑战28

做出高价值决策

你为之投入时间的活动能否带来
对组织和团队的任务来说
意义最重大的成果?

作为领导者，你的声誉实质上是你全部决策的总和。从根本上来说，你被花钱雇来就是为了做决定的，就是这么简单。你有可能每个星期要做出数百个决定，有些是微不足道的，有些则影响深远，有可能改变整个组织的进程。领导者们需要决定：

- 雇用什么人，辞退什么人。
- 哪些事项需要提升为优先事项，哪些需要搁置。
- 什么事情值得庆祝，什么不需要理会。
- 哪些项目需要资金补给，哪些需要停止资助。

做出上述决定涉及承担很多责任。我见过一些非常称职、备受尊敬的人，有着令人钦佩的职业道德和高尚品质，然而这些人所做出的决定却让他们所在的组织遭受了数百万美元的损失，并且无可挽救地毁了自己的事业。在职业生涯的早期，我也为此苦苦挣扎。我倒是没有浪费数百万美元，但我确信我的声誉还是遭受了打击。

在芝加哥市成功运营了公司最大的销售区域之后，我接受了公司盐湖城总部的一个职位。作为一名销售领导，你所获得的反馈会非常迅速，而且永远都不会错——你要么完成了销售指标，要么没完成。到达我在犹他州的新办公室时，我有些自命不凡，自我膨胀，并且相信自己绝不会做错事。

我的新工作涉及拓展客户——引导师渠道，再也没有上面写着我的名字的收益表了。由于我是第一个就任该职务的人，因此没有任何先前的失败或成功经验可以用来作为衡量的依据。它是我在此前的职业生涯中从未遇到过的一片机会的蓝海。每个工作日都充满了无穷无尽的机会，引发无数可能做出的决定。身处与首席执行官同一层楼的办公室，面对一个无人涉足过的、等待我去探索和建造的领域，这本应该是“强力扣篮”“一杆进洞”“肱二头肌撑爆我的T恤”的那种时刻。

只不过事实并非如此。

由于没有了持续的反馈和收益目标的压力，安排时间的优先次序成了我的新难题。我所关注的都是些自己感觉良好的项目，而且会依据自己的偏好来确定什么是需要完成的，但这些项目的价值对公司来说不一定是最高的。没有人会说我在浪费资源，或者做着无关紧要的事——我比以往任何时候都更卖力。但我所做的工作在首席执行官看来不会是需要关注的最重要的领域。失去了我在芝加哥已经习以为常的强劲的相互合作后，许多决定都是靠我自己来做的，而在我看来其中高价值的决定很少。

我开始逐渐地将高价值的决策看作是能够极大地推动组织的使命、愿景和最重要目标的行动。这些决策可以是以客户为中心，以成本为中心，以绩效为中心，以创新为中心……可以选择的种类是无穷无尽的。而且，这其中也存在着挑战。如果你希望在这方面从乱局走向成功，那么你应该评估一下自己利用时间的方式，甚至要具体到每天以及每小时。问自己一个问题：“我现在正在做的，或接下来要做的事情，是否会推进公司的工作和愿景或者最重要目标？”在

《激发个人效能的五个选择》（*The 5 Choices: The Path to Extraordinary Productivity*）一书中，作者指出，高价值决策来自：

- 做重要的事情，不做紧急的事情——追求非凡，不甘平庸。
- 将注意力聚集在正确的事上，领导者需要对时间进行正确的排序和管理。
- 保持精力充沛。让自己精疲力尽又不懂得重新恢复元气的领导不会具备做出高价值的决策并且推动其实现的能力。

此外我还认识到，做出高价值的决策要求你首先要承认这样一个事实：找不到答案没有关系。努力建立你与领导者之间的信任，从而能与之谈论你手头的工作，获得有关如何组织和确定时间优先顺序的意见和建议。在学习做出高价值决策的过程中，我学到三个“经验教训”：

- 专注。伴随着无限的选择而来的，是一些让人做出不符合高价值标准的决策的诱惑。我**可以**飞往190个国家的这一事实并不意味着我**应该**这样做。通过提高专注度，我可以找到更好的利用时间的方式。
- 不要单打独斗。如果你陷入瓶颈，仿佛失去了选择的能力，或者无法在两个都很吸引人却不相容的选择之间做出决定，那么，你应该去寻求帮助。谦虚地向一位领导讲述你的想法，并表达你希望得到他的指导的想法。“我的时间、人力和预算最好用在什么地方？”这个问题会让你获得你亟需的见解和指导。

- 不要追求一蹴而就的成功。《激发个人效能的五个选择》的作者敦促我们去追求非凡、不甘平庸是有道理的。作为领导者，我们可能会试图发挥自己的优势，寻找阻力最小的途径，追求能够带来荣誉和奖励的一蹴而就的成功。然而，这条道路很少会通向高价值的决策。

做一些重要却有难度的事——考验自己的极限，让自己的能量和动力保持在高位。

我也曾见过许多领导者未能做出高价值的决策。现在，请你自我反思一下，你是否容易犯下面的一个或多个管理上的错误：

- 你有“单打独斗”的性格。因此，你可能不愿意寻求他人的意见，最终让自己的列车不仅脱轨，还从桥上落入河中。
- 你埋头于项目，无法看到前进的方向（甚至不知道自己陷得有多深）。
- 你清楚自己需要帮助，而且很想让其他人参与其中，但是你缺乏谦逊和/或勇气去让具有更深层次专业知识的人参与进来。
- 你会逃避解决那些让你感到尴尬或不舒服的问题，例如进行一次极难以启齿的工作业绩谈话。
- 你还没有培养出问这样一个问题的习惯：“今天我在给组织带来非凡价值方面能做些什么？是否存在一些阻碍前进的、我应该拒绝的东西？”

- 你让自己陷入了无限选择的旋涡。
- 你每天都忙于本属于他人议程中的会议和电话。
- 你没有特别有意识地去管理自己的时间、注意力和决策能力。

本书中的挑战为你提供了一条行动的途径，一张构建你独特领导力的蓝图。你应该承担起做出高价值的决策的责任，然后静观你的贡献、声誉和个人品牌的急剧提升。

从混乱到成功：

做出高价值决策

- 你应该记住，你的声誉是你所有决定的总和，不仅仅包括职业上的决定，而且也包括个人生活中的决定。事实上，是你一生所有的决定。
- 利用上文中列出的各项“错误行为”进行一次评估。你将在哪些方面加以改进?
- 追求非凡的目标。平凡的目标很难支撑起高价值的决策。
- 定期审查自己的决策能力，以决定是否应该对其加以改进。你的决策能力是否应该每周都有所提高？你是如何评估自己以往各项决策的成果，以及如何超越旧有成果、继往开来的?

第1天 保持谦逊	**第2天** 富足心态	**第3天** 先倾听对方	**第4天** 表明意图	**第5天** 信守承诺
第6天 掌控自己的情绪	**第7天** 激发信任	**第8天** 角色平衡	**第9天** 知人善任	**第10天** 经营关系
第11天 审视你的思维方式	**第12天** 进行高难度谈话	**第13天** 直言不讳	**第14天** 平衡勇气和体谅	**第15天** 表现忠诚
第16天 让人们敢于说真话	**第17天** 纠正错误	**第18天** 辅导潜能	**第19天** 防止团队疲于应对紧急情况	**第20天** 定期进行一对一面谈
第21天 允许他人聪明	**第22天** 创建愿景	**第23天** 明确至关重要目标®（WIGs®）	**第24天** 推进至关重要目标®（WIGs®）	**第25天** 确保系统支持使命
第26天 交付结果	**第27天** 庆祝胜利	**第28天** 做出高价值决策	**第29天** 引领变革	**第30天** 追求卓越

挑战29

引领变革

面对变化，你在领导时能够保持冷静、自信、专注
——还是焦虑、恐惧、注意力涣散？

我们的身边无时无刻不在发生着各种形式的变化：组织结构、市场竞争、政府法规、税法、收入预期、财务和会计要求、质量管理措施，意外事件……无穷无尽。针对本挑战的内容，我决定通过人的变化这一特定的角度来阐述，而这方面的变化容易导致最混乱、最有个人情绪的局面。请不要走开，后面的故事会很生猛。

领导工作的真正意义难道不就是实现积极的变革吗？我想说的是，花钱雇你并不是为了维持现状。而且，因为这项工作涉及领导别人，所以最终的变化不应该就是看到你训练、栽培的人取得成功吗？我个人在此方面的经验表明，答案是肯定的……但是，前提是他们没有超越我。这一点似乎是我的局限性。

正是因为类似这样的见解，我的编辑将我作为领导的职业生涯的一些方面命名为"管理的混乱"。在讨论这本书的书名时，这个词很快就应运而生了（或许有点太快了）。具有讽刺意味的是：在这个有时陷入混乱的过程中，我一直被认为是一个精心栽培他人的人。

每当看到我周围的人获得晋升，涨工资，影响力提高，我会感到由衷的喜悦。一些人在我有幸成为他们的领导一段时间之后，事业风生水起，这样的人我能说出几十个。我愿意相信，我在助推他们走向未来的成功方面起到了一点小小的作用。但遗憾的是，正如我前面承认的那样，在我沾沾自喜的基调之上，有一条不可逾越的红线：我乐见你的变化和成功，只要你不超过我。如果你听说我为了自己的职业发展正在重读挑战2（富足心态）的内容，你一定会非常高兴。

举个例子：我有一位一起共事了超过15年的同事。我经常对保罗说，他是我从未有过却一直想要的那种弟弟，而我是他从未有过也从不想要的那种哥哥。在职业发展的道路上他紧随在我的身后，甚至还继任过我的职位，而且每次都能对我的业绩和可传承的经验加以完善。事后看来，我对他的成功感到欣慰；事实上，即使他在这些职位上的表现似乎总是胜我一筹，我依旧为此感到骄傲。我为他的成功感到由衷的欣喜，而且这种状态持续了很多年。他聪明、可靠、勤奋、纪律性强，而且在成熟度和技能方面都突飞猛进。由于他和其他人都感谢我多年来对他的栽培，所以这一切似乎是对我的认可。

终于，问题来了——老实说，我知道这件事迟早要来——首席执行官让保罗升了职，职位在我之上。

他获得晋升只是时间问题。这是一项我在管理团队中坚定支持的决定。然后现实的大幕徐徐拉开，而且出于某种我仍在寻找的原因，它有些超过了我的承受能力。（尽管变化是符合逻辑的，但人们在情感上仍然难以接受，这是不是很奇怪？）我面临的难题并没有结束，因为，奇怪的是，我并不想要他的职位，我不能胜任这个职位，我也不想胜任这个职位。在我后来不断的反省中，我意识到我之所以有那种反应是由于那是我职业生涯中第一次见到有人不仅晋升到了与我同等的级别，而且还超越了我。这跟保罗没有丝毫关系，问题全在于我。我还是要讲清楚，我想跟那些越来越感到不舒服的人（我提醒过你这篇会很生猛）说，我认为保罗绝对是这个职位的合适人选。我们整个公司、我们的客户和股东都会因他的晋升而受益。

作为我将自己的反思与诸位分享的结果，我猜想会发生以下两种情况之一：你们当中有一部分人会发一些善意的邮件和推文给我，说我有多么的善解人意，多么的敏感（成功的一面）；另一部分人会发来恶意的邮件和推文，质疑我哪怕是在现有的级别上担任领导职务的能力（糟糕的一面）。

我想这印证了那句格言：人们支持的是符合他们想法的变化，否则就会反对。或者就我的例子而言，我支持的是影响到**你的**变化，而不太支持影响到**我的**变化。

公司向领导团队宣布了保罗晋升的消息，而我无法阻挡嫉妒对我的侵袭。当我回到我的主管团队讨论该项决定时，我假装很兴奋，紧接着马上告诉所有人，尽管我支持这一决定，但我不会向保罗汇报工作的，而且可能永远不会。我同时表示自己相信保罗是这一职位的适合人选，并且希望大家对此予以支持。稍微有点儿脑子的人都会看出我的心思，觉察到我不冷不热的支持。

多么遗憾！而且，坦率地说，多么不妥当。我的团队成员一定觉得我很小心眼，很愚蠢。

一位同事当场措辞激烈地批评了我。

我以某种典型的斯科特式的愤慨转移了批评，开始谈论新的组织结构会给团队带来怎样的影响，以及我们将如何继续前行。感谢我的团队，他们中有几个人询问我对这一决定的感受如何，甚至认为我的即时抗争是合理的。（然而，他们同时仍为领导层的变革感到备受鼓舞。）

面对变化，我们每个人都会有自己的触发点。我已经将我的讲述给大家听（而且我希望你也有一个很好的心理治疗师可以用来分享你的）。事实情况是，大多数人认为变化会让事情变得更糟，而不是更好。艾伦·多伊奇曼在其《应变求生》（*Change or Die*）一书中指出，有88%的人对变化持悲观态度。在富兰克林柯维公司为初级领导者设计的方案“领导团队6关键”中，领导者们通过首先接纳一种新的思维模式（从试图控制和限制变化转向支持变化）来应对这种困境。回顾过去，我对变化的恐惧以及各种控制和遏制变化的企图对我的个人品牌和信誉（一些我多年来一直努力打造的特质）所产生的负面影响是显而易见的。

组织的变革对团队成员情感上的影响不可小觑。作为领导者，你很可能参与内部谈话。你或许熟知做出最终决定之前的所有讨论和辩论的来龙去脉。因此，你可能认识不到认同、理解这些变化是需要时间的。

下面是我发现的一些有助于在变化中领导的常用方法，你可以考虑借鉴：

- 意识到变化对你产生了何种影响。你如何理解和经历这种变化将影响你与他人沟通的方式。不要为自己处理和理解变化找捷径，你应该参与整个过程，以确保能够沟通和传达讯息。

你甚至可能需要告诉自己："在我不断地消化、理解和让变化得到发挥的过程中，我需要审视自己的想法。"

- 尽可能多地提出问题，以确保你能够打造出一个有利于自己团队的环境。你所了解和理解的越多，就越能够全程引导他们。
- 确定信息透明度。要审慎对待你披露的内容，确保你的团队能够以必要的速度处理变化。有时候你没有足够的时间，而且不同的情况可能需要不同的应对方法。但有一件事是不变的，那就是人们通常能够应对难以接受的消息，但不会容忍虚假的消息或者没有消息。尽你所能分享你所知道的，承认你不知道的，并且承诺在合理的范围内尽可能及时、持续地将消息告知大家。
- 确定变化发生期间的沟通方式。在履行你的职业责任的同时，你可能需要平衡自己复杂的情绪。

如果你能在接收到的讯息（刺激因素）和你对其做出的反应（你的反应）之间留出一些空间，你就能够学会如何在变化中领导。当你正在考虑如何为组织的利益倡议变革时，你或许应该将自己的个人情绪搁置一旁，甚至应该将二者分割开来。这是我至今仍纠结于其中的一个特殊的管理上的混乱，不过我正在努力修炼，希望最终能将其变为一项成功的领导力。

保罗，我为你感到骄傲。这是我的真心话。

从混乱到成功：
引领变革

- 要认识到，变化和成长是艰难的。因此而产生的思想斗争也是正常的。你是位领导者，但这并不意味着你对变化引起的情绪反应具有免疫力。允许自己有一个消化、接受的过程。但是以私下的还是公开的方式做，对此一定要明智而审慎。
- 考虑将变化对你个人的影响与其对组织的影响区分开来。在你为他人的利益领导团队面对变化的时候，要将注意力集中在你能够捍卫的内容上。你的团队成员在密切观望着你将如何表现出信心，以及如何调节你的情绪。你越是对这一事实留意，你就越能更好地在你希望从他们身上看到的特质方面做出表率。
- 记住要有富足的心态（见挑战2）。变化通常会打开新的大门，带来新的经历、机遇和其他收获。

第1天 保持谦逊	**第2天** 富足心态	**第3天** 先倾听对方	**第4天** 表明意图	**第5天** 信守承诺
第6天 掌控自己的情绪	**第7天** 激发信任	**第8天** 角色平衡	**第9天** 知人善任	**第10天** 经营关系
第11天 审视你的思维方式	**第12天** 进行高难度谈话	**第13天** 直言不讳	**第14天** 平衡勇气和体谅	**第15天** 表现忠诚
第16天 让人们敢于说真话	**第17天** 纠正错误	**第18天** 辅导潜能	**第19天** 防止团队疲于应对紧急情况	**第20天** 定期进行一对一面谈
第21天 允许他人聪明	**第22天** 创建愿景	**第23天** 明确至关重要目标®（WIGs®）	**第24天** 推进至关重要目标®（WIGs®）	**第25天** 确保系统支持使命
第26天 交付结果	**第27天** 庆祝胜利	**第28天** 做出高价值决策	**第29天** 引领变革	**第30天** 追求卓越

挑战30

追求卓越

你是否会持续评估自己的价值，
并且不断提升自己的技能和能力？

这一挑战将要谈论的并不是关于在事业发展、相关价值或能力方面如何逐步提高的问题。我想要激励你，不仅要双倍努力，而且要在双倍之上再翻一番。当你做到以后，你就会脱颖而出，巩固自己的价值，书写自己的未来。

我对人的职业发展历程有着浓厚的兴趣。在我主持的“与斯科特·米勒畅谈领导力”（*On Leadership With Scott Miller*）系列节目中，我们会邀请知名的思想领袖、畅销书作家和公认的行业专家围绕其各自精通的领域进行每周一次的对话。就我个人而言，我每周学到的东西太多，不可能一下子都消化掉。在节目一开始，我会向每位嘉宾提出同一个一般性的问题，请他们讲述一下自己的成长道路：是什么因素导致了他们的成功？几乎所有的嘉宾都存在两个共性：

- 对某个特定主题表现出坚定的、永不满足的好奇心。
- 驱使他们想要理解这一主题并以地球上无人敢与之媲美的方式将其传播出去的生生不息的驱动力。

此外，还有一个特质绝对是这些行业专家和思想领袖共同拥有的（而对此他们很少公开承认），那就是他们会不断地破坏/重塑自己。无论是在高峰还是低谷，他们都会走在前面，而最先对自己的最新主题感到厌倦的人，也是他们。

马尔科姆·格拉德威尔，一位我（还）没有采访过的人，从不会在他最新的成功上驻足停留。他的书籍、演讲和文章总是会涉及一些出人意料的新鲜话题，而且那是一些我从未想过会与他联系在一起的话题。就这样，他会用自己不断变化的兴趣点和关注点带给我连连惊喜。如果你希望保持领先地位，维持自己的重要性，成为不可或缺的人物，那么马尔科姆就是一个极好的榜样。这是我在整个职业生涯中始终铭记在心的自我挑战，也是我视作核心力量的东西。但一路走来，并非没有失误。有一天当我与著名的营销界权威赛斯·高汀聊天时，我在这方面的缺陷便清晰地暴露了出来。他让我领悟到了弄清鲁莽与无畏之间区别的意义。

我曾无数次与他人分享过这二者之间的区别，因为这与我们自身的领导之旅息息相关。就我而言，多年以来我一直以为自己是个无畏的人，而事实上却是鲁莽（你可以在本书中看到）。现在，我对这二者之间的差异已经非常清楚，而且我想要变成一个无畏的人，至少是在我的职业生涯中。所以，我是不会去吃生牡蛎，也不会去喝格拉巴酒的！

鲁莽意味着你所采取的行为可能对你的品牌、声誉甚至是他人的自尊或感情造成不可挽回的伤害。而无畏则意味着谨慎冒险，也就是说该风险可能带来巨大收益，而其负面影响（失败）是可控的，并且可能只会影响到你自己。在没有经纪人、出版商或者银行储蓄的情况下辞掉工作去写一部伟大的美国小说就是鲁莽。拿起电话，把你的想法推荐给你能找到的每一位编辑，并且为那些拒绝你的蠢人的幼稚而感到勇气倍增，这就是无畏（问问 J. K. 罗琳就知道了）。

是的，我有害怕做的事，我的日程表中没有跳伞、蹦极或者潜水这些活动。但在工作中，我可以无所畏惧地承担起任何事情，而这也让我受益良多。有一点要讲清楚，我不会毫无准备、不假思索地一头扎进去做某件事。我了解我的强项以及我能将事情推进多远。通常，这意味着要离开舒适区或者超越他人对我能力的预判。我会立即投入工作，拼尽全力以求获得成功，而且我会尽可能多地招聘合格的人和我一起砥砺前行。我认为这种“勇敢面对困难”的动力和意愿为我的职业生涯带来了丰厚的回报。而且说实话，我也学会了去辨识哪些人的反馈需要关注，而哪些人的不需要。总会存在一些不关心我的人，这很正常。坦率地说，对于这些人我甚至想都不想。我渴望得到的是来自那些我确信是为我着想的人的反馈和建议。

我在前面对比鲁莽与无畏的慷慨陈词其核心要点是什么？**我积极鼓励你在自己的职业发展和学习上要表现出大无畏的精神，去实现量子级的飞跃。那些标准的老套的建议是什么来着？听播客，参加行业会议，阅读学术文献，看TED演讲等，还是饶了我吧。**

你要去冒险。制作你自己的播客；举办自己的公司内部会议；写你自己的文章；不再去看TED演讲，而是录制自己的演讲视频。勇敢地走出自我舒适区，通过用以实现新理想的新技能来重塑自己。

《信任的速度》一书为如何追求进步提供了最佳的战术性建议。其中的一些小贴士包括：

- 坚持持续改进。如果你在思想上还没有做出决定要在某个具体的领域争取进步，你就会满足于现状。这本书为你提供了30个挑战——读完之后不要把书随手丢在一旁，而是应该为具体的挑战项目制定计划。

- 提升能力。不断超越自己的极限，做难做的事，失败，学习，成长，成功，重复，这是取得收获的唯一途径，除非你是生活在乌托邦式的未来世界，只要将思想（和肱二头肌）插入机器，它们就可以神奇地生长。
- 不断学习。你正在阅读这本书的事实本身就证明，你有学习和重塑自己的动力。坚持住！永远不要以为，你今天拥有的知识和技能足以用来应对明天的挑战。
- 建立反馈机制。信不信由你，如果没有反馈意见，我们追求进步的美好意愿可能变得疲软，甚至适得其反。你如何才能知道自己正在取得收获的领域是重要的，或者就此而言是恰当的领域呢？因此你需要建立反馈机制，并且让其他人敢于告诉你真相（请阅读挑战16）。
- 根据收到的反馈信息采取行动。本书中的许多挑战都有助于你将反馈信息付诸行动，例如挑战5（信守承诺）。将反馈转换为你的团队能够看到你正在做的具体行为。

关于反馈的最后一点想法：我不会对*每个人*的意见都感兴趣。而且我认为你也不应该。当你努力想要更进一步时，你就是在让自己离开舒适区。这个世界充满了爱唱反调的人、悲观主义者、批评家以及那些永远满足于当观望者的人。所以我最后引用布琳·布朗的书《成长到死》（*Rising Strong*）里的一句话。这本书我每天都会看。这是我培养技能、冒险、学习、尝试、失败和再次尝试的新咒语——当然，为的是再接再厉：

“竞技场里的廉价座位上，坐满了从不敢上场搏斗的人。他们只是在安全的距离之外投掷着恶意的批评和挖苦。问题是，一旦我们不去在乎别人的想法，不会再因残酷的行为感到心痛时，我们就失去了与人建立联结的能力。然而，如果用他人的想法限定自己，我们就会失去展现脆弱的勇气。因此，我们需要对进入生活的反馈信息有所选择。对我来说，如果你不是一个在竞技场上挨拳头的人，我对你的意见就不感兴趣。”

所以，要走出舒适区，跳进领导力的竞技场，把这30个挑战付诸实践。困难和挫败难以避免，而当这种事情发生时，请记住我多年来所经历（或者引起）的各种混乱和成功。并且你要知道，每一次结结实实的挫败，都会带给你某种领悟、路线的修正、人际关系上的顿悟，以及重新振作起来、重新投入战斗和更进一步的渴望。我邀请你和我一起走上竞技场，不要为被打得鼻青脸肿而感到尴尬，并且致力于那个最高尚、能够改写命运，甚至也可能改变世界的奋斗目标：成为一名领导者。

从混乱到成功：
追求卓越

- 在你的日历中每天安排一个挑战。根据你感觉的，或他人的指点，以及你能从中受益的程度，确定这些挑战的优先顺序。
- 找出你已经做得够好的挑战，并对自己表示祝贺。你要为此感到骄傲！问自己这样一个问题："作为一种当前的优势，是否可以通过一些改善使其进化为我的'杀手锏'？"
- 至此，已经有足够的内容需要你去修炼了。我给你的提示也到此为止了。去喝杯啤酒，同时想想你的领导之旅的下一步会是什么。

从混乱到成功：
追求卓越（补充）

- （又名：斯科特的免费自我推销活动清单）
- 作为富兰克林柯维公司思想领导力的执行副总裁，我很荣幸能够有机会从事3个不同的领导力发展项目。第一项是我发布的一系列不到一分钟的视频，是我基于超过25年的行业经验对于领导力的见解。你可以在我的任何社交平台上看到：

  Facebook：https://www.facebook.com/ScottMillerFC/

  Twitter：https://twitter.com/ScottMillerFC

  LinkedIn：https://www.linkedin.com/in/scottmillerfc/

  Instagram：https://www.instagram.com/scottmillerfc/
- 第二个是我在 iHeartRadio 上主持的一个名为

“*Great Life, Great Career*”（“伟大的生活，伟大的事业”）的周播电台节目。这个时长1小时的谈话节目深入挖掘各种畅销书作家、行业巨头以及像你我这样有着美妙的故事和经验的普通人所分享的关于领导力的实用建议。你可以通过下列渠道观看我的节目：

https://www.iheart.com/podcast/420-great-life-great-career-sc-30164198/episodes/

https://itunes.apple.com/us/podcast/great-life-great-career/id1438915013?mt=2

https://www.stitcher.com/podcast/franklincovey/great-life-great-career

https://resources.franklincovey.com/greatlifegreatcareer

https://soundcloud.com/great-life-great-career

- 第三，我很荣幸地为富兰克林柯维公司主持了一个名为“与斯科特 · 米勒畅谈领导力”（*On Leadership with Scott Miller*）的节目。这是一个每周一次的简讯，通过对畅销书作者、知名权威人士、演讲者和公众人物的精彩访谈，探讨他们对领导力的独特看法。这个节目的与众不同之处在于，它是目前世界上成长最快的专注于领导力发展的每周简讯。该节目受到富兰克林柯维公司的高度赞赏。它包括重要人物访谈、博客文章，以及一个可以帮助你和团队成员将这些见解即刻付诸实践的可下载的工具。我鼓励你通过下面的方式订阅：

  http://resources.franklincovey.com/on-leadership

写在后面的思考

品格的重要性

WHAT ABOUT CHARACTER?

我猜你们当中有些人可能感到纳闷，为什么一些你所热衷的或者富兰克林柯维公司讲授的领导能力，都没有被包括在本书中。我和我的同事在精简项目清单时，砍掉了其中的几十个，主要是为了保持这些挑战和书籍的可操作性。（你在想：30个就是有可操作性了吗？）如果我们把每一条领导原则、能力或者你可能面临的挑战都加进来，很容易会让你感到无所适从。你能够看出来，我是喜欢易于消化的东西的，喜欢那些我能记住的小而可行，而且能够将其立即融入到我的生活中的见解。

有一个最基本的、比任何其他事情都关键的挑战没有被列进来：品格。那些熟悉富兰克林柯维公司的传统和声望、其他书籍、解决方案以及整体的效能提升方案的读者们知道，我们信奉和教导的每件事的核心是你的品格和能力的价值。本书重点关注的是你的能力：你的信念、行动，甚至还包括你的反应。它专门探讨的是人的行为。我估计当你发现某个挑战对你有特殊意义之后，你已经在考虑在某些行为上下功夫了。

我并非有意要将品格这一项删减掉。引用斯坦福大学商学院教授兼捷蓝航空公司董事长乔尔·彼得森的话，“品格是你进入赛场的门票”。你的品格是你的根基，是你在生活的各个层面所扮演的角色（你可以是领导者、父母、配偶、朋友、伴侣或者同事）的基础。

观察一下那些对我们的生活产生持久影响的领导和教师。通常，维护或摧毁他们声誉的正是他们的品格。每一天，我们似乎都面对着一个新的可能追随、钦佩和尊重的榜样人物，而这些人同时也会由于自己品格上的失误摧毁自己的影响力和曾经的成就。数十年的辛苦经营，毁于瞬间。

不要把我没有将品格囊括到本书中的决定与它缺乏重要性相混淆或者相关联。让我把话说清楚。如果你在品格这一挑战上失败，所有这些领导力挑战都不再重要。事实上，这些你面临的挑战有时是可以用小时来计算的。大多数是明晰、切合实事求是的，可以试验或实际肯定你的品格。这些都是（或者应该是）容易解决的问题。对于那些你周围的人看到的东西，是很容易做出正确决定的。在培养你的品格方面极具价值的，是另外一些东西，一些更为微妙的事情，虽然它们在当下显得渺小或者微不足道。这是一些潜伏的东西。是那些没有人看见（或许永远都无法看到）的行为。事实上，在许多情况下只有一个人能看得到：你。

30个领导力挑战总结

领导力挑战：自我领导

1. 保持谦逊——《信任的速度》

2. 富足心态——《高效能人士的七个习惯》

3. 先倾听对方——《高效能人士的七个习惯》《信任的速度》

4. 表明意图——《信任的速度》

5. 信守承诺——《信任的速度》

6. 掌控自己的情绪——《高效能人士的七个习惯》

7. 激发信任——《信任的速度》

8. 角色平衡——《激发个人效能的五个选择》

领导力挑战：领导他人

9. 知人善任——卓越领导4大天职™
10. 经营关系——卓越领导4大天职™
11. 审视你的思维方式——《高效能人士的七个习惯》
12. 进行高难度谈话——卓越领导4大天职™
13. 直言不讳——《信任的速度》
14. 平衡勇气和体谅——《高效能人士的七个习惯》
15. 表现忠诚——《信任的速度》
16. 让人们敢于说真话——《人生算法：已被证实的使个人和团队变得更好的15个套路》
17. 纠正错误——《信任的速度》
18. 辅导潜能——卓越领导4大天职™
19. 防止团队疲于应对紧急情况——《激发个人效能的五个选择》
20. 定期进行一对一面谈——领导团队6关键™
21. 允许他人聪明——卓越领导4大天职™

领导力挑战：达成结果

22. 创建愿景——卓越领导4大天职™
23. 明确至关重要目标® (WIGs®)——《高效能人士的执行4原则》
24. 推进至关重要目标® (WIGs®)——《高效能人士的执行4原则》
25. 确保系统支持使命——卓越领导4大天职™
26. 交付结果——《信任的速度》
27. 庆祝胜利 ——《项目管理精华：给非职业项目经理人的项目管理书》
28. 做出高价值决策——《激发个人效能的5个选择》
29. 引领变革——领导团队6关键™
30. 追求卓越——《人生算法：已被证实的使个人和团队变得更好的15个套路》

致谢

ACKNOWLEDGMENTS

在本书面世之前差不多整整一年的时间里，富兰克林柯维公司的一群有才干的同仁聚在一起，打算从公司为客户提供的众多领导力解决方案中抽取一些有难度的问题，并将其汇集成一个系列。

这支由我的同事兼朋友詹姆斯领导的团队用了数个星期的时间聚在一起集思广益、辩论、争吵（我最喜欢的部分），最终敲定了30项领导力挑战。后来我们将这30项挑战设计成一套卡片。在一次专项活动中，我们将这些卡片送给了我们的注册客户引导师，希望培养和巩固他们的领导技能。大家对此的反响相当热烈：想要额外再订购一些卡片送给同事、朋友和家人的请求汹涌而至。人们对此的兴趣促使我产生了一个想法，想要在卡片的基础上再进一步，将我自己的领导之旅以及沿途无数的坑坑洼洼坦率真诚地讲述出来。

这群非常能干的原创队伍包括詹姆斯（吉米）· 麦克德莫特、

梅根・汤普森、马特・默多克、利普・史蒂文斯、苏・格达道格拉斯和迈克尔・埃尔威尔。在你们的热情支持下，我得以将你们的领导力理念转化为专业的解决方案。我在此向你们表示衷心感谢。

富兰克林柯维公司董事长兼首席执行官鲍勃・惠特曼对这30项挑战的策划、筛选和排序给予了帮助。他积极支持我的每一项工作，而且从一开始就对这本书充满信心。谢谢鲍勃，感谢你对我自始至终的信任。在工作上没有比知道你的领导在为你撑腰打气更美好的感觉了，而鲍勃总会这样做。

托德・戴维斯，富兰克林柯维公司首席人事官兼我的私人“百科全书”，在帮助我挑选挑战和修改一些表述方面发挥了重要作用。托德委婉地提醒我，不一定非要让这本书变成一个忏悔室——那种挂着个帘子的小房间。作为天主教徒我会被鼓励定期拜访那里。托德就是友谊的代名词。他属于那种会被数百人看作自己最好的朋友的凤毛麟角。托德是个真正的能人。如果你还没有读过他的畅销书《人生算法：已被证实的使个人和团队变得更好的15个套路》，我建议你去买一本。他是生活中引导我们做最重要的事的极好的向导。如果你需要有人做主题演讲，托德会提供给你一个杀手级的（当然啦，只有在我不能去的情况下）。

我要感谢芒果传媒（Mango Media）的朋友们，他们是出版人兼总裁克里斯・麦金尼，以及我亲爱的朋友米歇尔・路易，感谢你们的鼓励和信任。你们从与我初次相遇开始，就对我满怀信心。我向你们承诺，等我成为名人或者变成穷光蛋以后，一定会记住你们。此外，我还要对斯科特·麦金尼说：我们在欧塔尼克饭店吃午饭时，是你给了我不同寻常的鼓励。我当时没有把握能最终完成这本书，但是你给了我勇气。你从桌子的对面探过身来，坚持认为我应该把我有关领导力的故事讲出来，那一刻对我来说真的是一个转折点。当一个智者告诉你应该去做什么的时候，只有傻瓜才不去做。谢谢你，斯科特。

谢谢你，M. J.菲弗。M. J.有个绰号（是我起的，而且原因显而易见）、迈阿密的“柔软锤子”。M. J.讲话时，她身边的每个人都会闭上嘴听她讲。在上世纪80年代这叫做 E. F. 赫顿效应。（你还太年轻，不会记得这个，所以你需要谷歌一下。）我从 M. J.那里学到了辨别什么时候是聪明人在讲话，什么时候是智者在传授道理。M. J.是会传授道理的智者。而且，她很善良。世界需要更多的M. J.。还能找到比这更高的赞美之辞吗？但你的迪士尼世界依恋症是怎么回事？女孩，你需要去寻找一个新爱好了！

感谢佛罗里达州科勒尔盖布尔斯市标志性的图书胜地“Books and Books”的老板米切尔·卡普兰：老兄，你是个牛人。你的勤奋近乎疯狂，我希望自己能更多地像你一样。你在生活中有那么多的角色让我为之倾倒。你是一名教师、教练和导师、敢于冒险的企业家，也是艺术和文学的倡导者。你是设计师、策展人、了不起的丈夫、父亲和朋友。但最重要的是，你毫不掩饰的博大宽厚激励了我。你的慈爱、慷慨和对他人（包括我）的信任极具感染力。每次我从你那里离开时，我都希望自己能更善良些，对别人更有用些。请继续传播你的爱吧，米切尔。你是史蒂芬·柯维博士所谓的仆人型的领导。被我心目中的另一位英雄乔治·W. 布什称为“千点光芒”的人，就是你这样的人。对这个名词感到困惑的人，可以谷歌一下米切尔·卡普兰。布什总统（美国第41任总统）真正想说的就是他这种人。

衷心感谢富兰克林柯维公司的思想领导团队：安妮·奥斯瓦德、扎克·克里斯滕森、德鲁·扬、德博·朗德和特拉维斯·鲁斯特。我们这一路上有太多让人脸红的笑话！切记，家丑不可外扬。求求你们了。

致谢我们的公关阿什利·桑德伯格：感谢你的友谊和指导。你是一位聪明又智慧的人。这是至高无上的恭维。我的妻子喜欢你，这是极少见的。你认识每个人，而且每一位你认识的人都喜爱和尊重你。

每个重要的结构后面都有一位建筑师。他们在幕后默默无闻地工作，创造出令人惊叹的美，引来高度赞誉。一些著名作品的建筑师的名字是我们耳熟能详的：贝聿铭、菲利普·约翰逊和丹尼尔·利伯斯金德。（尽管我估计有99%的在卢浮宫前玻璃金字塔旁自拍的人不知道贝聿铭是谁，或者他是如何参与这项杰作的。）

让我们明确一点：管理中的混乱当然不是玻璃金字塔。但它确实有一个默默无闻的建筑师在幕后工作，修复结构不合理的设计，磨平粗糙的边缘，套取业主（就是我）较深刻的见解和学识。普拉特·克拉克就是我的建筑师。普拉特，我非常感谢你一路上带给我的乐趣、坚持和真爱。你在这部作品的问世过程中不可或缺。我很激动能继续与你合作完成下一部书稿，如果你同意的话。

许多朋友读到过我的不同形式的稿件，特别是你们当中一些支持我的人。我永远不会忘记你们的鼓励：南希·摩尔、帕特·卢卡斯、詹妮弗·斯滕莱克、克莱尔·奇特伍德、加里·贾德、朱丽叶·迪克森、金·麦克纳利，以及瓦莱丽和巴里·布恩。还有许多其他人做了无数的注解和建议，对你们中的每一位，我深表感激并深感荣幸。

哦，对了，还有几个人。负责领导富兰克林柯维公司社交媒体策略的乔恩·洛夫格伦，也是最初推动我开始写作的人。谢谢你，乔恩，为你替我踩的那一脚油门。还有查克·法恩斯沃思，这位从未放弃过相信我的潜力的牛仔，而且他会继续做我的头号粉丝。

我的妻子被数次强迫阅读，以确保故事的真实性。为此她备受折磨（这不是比喻用法）。她确信这本书将是我的职业生涯终结者，而我将再也找不到一份真正的工作了。我担心（希望）她是对的。嘿，斯蒂芬妮，也许我俩的新工作有可能是这样的：与渴望有所作为但需要一些指导的未经打磨的领导者们交谈。如果你是这样一位领导者，请发送电子邮件至scott. miller@franklincovey. com。我会很荣幸能与你的团队交流领导工作中的混乱，并指导他们走向成功。

斯科特

关于作者

ABOUT THE AUTHOR

斯科特·米勒，富兰克林柯维公司领导力思想执行副总裁，加入富兰克林柯维公司23年。他是富兰克林柯维公司发起的“与斯科特·米勒畅谈领导力”（*On Leadership With Scott Miller*）节目的主持人。该节目围绕领导力主题，以采访商界名流、知名作家和思想领袖为特色，以网络直播、播客和快讯的形式每周播出一次。全球有500多万商业领袖收听收看。米勒也是周播电台节目“伟大的生活，伟大的事业”（*Great Life*，*Great Career*）的主持人。该档节目在 iHeartMedia 的 KNRS 105.9 播出。这个广播和播客详细介绍了一些从富兰克林柯维公司领导原则以及米勒的职业生涯和个人生活经验中汲取的见解和策略，从而帮助听众成长为更有成效的商业领袖，提高他们的个人业绩。此外，米勒还为*Inc.* 杂志撰写有关领导力的每周专栏。

米勒是负责富兰克林柯维公司畅销书籍和领导力思想的战略、开发和出版的领头人。该项业务为公司享誉全球的内容和解决方案提供框架。他是富兰克林柯维公司《从管理混乱到领导成功：30个领导力挑战，成为你想追随的领导者》的作者。他还与他人合著了《每个人都值得拥有一位出色的经理：领导团队6关键》。

此前，斯科特曾担任业务开发执行副总裁兼首席营销官。在此期间，他领导了富兰克林柯维公司品牌的全球转型。在此之前，作为客户引导业务的总经理，米勒曾在30多个国家的众多市场中与数千名客户和客户引导师合作。他已经为不同行业的数百名观众做过演讲。他喜欢分享自己作为一名“非科班出身”的领导在当今高度标准化的企业文化中茁壮成长的独特旅程。

米勒于1996年加入柯维领导力中心，担任教育事业部的客户合作伙伴，重点服务于K-12学校和高等教育领域。他还在富兰克林柯维公司位于芝加哥的中央区担任过6年的总经理。

米勒的职业生涯开始于1992年。那一年，米勒成为迪士尼发展公司（华特迪士尼公司的房地产开发部门）负责设计佛罗里达州“庆典小镇”的开发团队中的一名创始成员。

米勒和他的妻子及3个儿子生活在犹他州盐湖城。

FranklinCovey

THE ULTIMATE COMPETITIVE ADVANTAGE

品 牌 故 事

三十多年前，当Stephen R. Covey和Hyrum Smith还在各自领域开展研究，以帮助个人和组织提高效能时，他们都注意到一个问题——人的因素。专研领导力发展的Stephen发现，志向远大的个人往往违背其所渴望成功所依托的根本性原则，却期望改变环境、结果或合作伙伴，而非改变自我。无独有偶，专研生产力的Hyrum发现，制订重要目标时，人们对实现目标所需的原则、专业知识、流程和工具却所知甚少。

Stephen和Hyrum都意识到，解决问题的根源在于帮助人们改变行为模式。经过多年的测试、研究和经验积累，他们同时还了解到，持续性的行为变革不仅仅需要教育，还需要个人和组织采取全新的思维方式，掌握和实践更好的全新行为模式，直至习惯养成为止。Stephen在其著作《高效能人士的七个习惯》中公布了其研究结果，该书现已成为世界上最具影响力的图书之一。在Franklin规划系统（Franklin Planning System）的基础上，Hyrum创建了一种基于结果的规划方法，该方法风靡全球，并从根本上改变了个人和组织增加生产力的方式。他们还分别创建了Covey领导力中心和FranklinQuest公司，旨在扩大其全球影响力。1997年，上述两个组织合并，由此诞生了如今的富兰克林柯维公司（FranklinCovey, NYSE: FC）。

如今，富兰克林柯维公司已成为帮助组织提升绩效的全球领导者，而提升绩效需要人类行为的持续性变革，这往往也是组织所面临的最大挑战。一旦变革成功，将成为最持久的竞争优势。对于组织而言，宣布一项战略是一回事，而重塑员工行为和组织文化以成功执行该战略却又是另外一回事。建立在Stephen和Hyrum对领导力和生产力的研究基础上，富兰克林柯维公司发挥其广博的专业性知识来帮助组织在多个关键领域实现持续性的行为变革，包括领导力、执行力、个人效能、信任、销售绩效、客户忠诚度和教育。

结果如何？我们的客户成功创建了优秀组织文化，其主要特征表现为：员工高效且善于合作；领导者高效且善于构建信任，具备卓越的执行力，能够为所有利益关系人创造显著提升的绩效。这样的文化最终演化为组织的终极竞争优势。

富兰克林柯维公司足迹遍布全球160多个国家，拥有超过2000名员工，共同致力于同一个使命：帮助世界各地的员工和组织成就卓越。本着坚定不移的原则，基于业已验证的实践基础，我们为客户提供知识、工具、方法、培训和思维领导力。富兰克林柯维公司的客户包括90%的财富100强公司、75%以上的财富500强公司，以及数千家中小型企业和诸多政府机构及教育机构。

我们的终极目标是帮助个人和组织在绩效上实现渐进型量变和变革型质变。我们在此向全球数以万计的客户表达衷心的感谢，谢谢他们给予我们机会帮助其实现伟大目标。

富兰克林柯维公司备受赞誉的知识体系和学习经验充分体现在一系列的培训咨询产品中，并且可以根据组织和个人的需求定制。富兰克林柯维公司拥有经验丰富的顾问和讲师团队，能够将我们的产品内容和服务定制化，以满足您的语言和文化需求。

富兰克林柯维公司自1996年进入中国，目前在北京、上海、广州、深圳设有分公司。

www.franklincovey.com.cn

更多详细信息请联系我们：

北京 朝阳区光华路1号北京嘉里中心写字楼南楼24层2418&2430室
电话：(8610)8529 6928
邮箱：marketingbj@franklincoveychina.cn

上海 黄浦区淮海中路381号上海中环广场28楼2825室
电话：(8621)6391 5888
邮箱：marketingsh@franklincoveychina.cn

广州 天河区华夏路26号雅居乐中心31楼F08室
电话：(8620)8558 1860
邮箱：marketinggz@franklincoveychina.cn

深圳 福田区福华三路与金田路交汇处鼎和大厦 22 层D16室
电话：(86755)2337 3806
邮箱：marketingsz@franklincoveychina.cn

富兰克林柯维公司在中国提供的解决方案包括：

I. 领导力：

THE 7 HABITS of Highly Effective People® SIGNATURE EDITION 4.0	高效能人士的七个习惯®（标准版）	The 7 Habits of Highly Effective People®
THE 7 HABITS of Highly Effective People® FOUNDATIONS	高效能人士的七个习惯®（基础版）	The 7 Habits of Highly Effective People®: Foundations
THE 7 HABITS® FOR Managers ESSENTIAL SKILLS AND TOOLS FOR LEADING TEAMS	高效能经理的七个习惯®	The 7 Habits® for Manager
THE 7 HABITS Leader Implementation COACHING YOUR TEAM TO HIGHER PERFORMANCE	领导者实践七个习惯® 辅导您的团队实现高绩效	The 7 Habits® Leader Implementation COACHING YOUR TEAM TO HIGHER PERFORMANCE
The 4 Essential Roles of LEADERSHIP™	卓越领导4大天职™	The 4 Essential Roles of LEADERSHIP™
THE 6 CRITICAL PRACTICES FOR LEADING A TEAM™	领导团队6关键™	The 6 Critical Practices For Leading A Team™
Find Out WHY™ THE KEY TO SUCCESSFUL INNOVATION	找到原因™：成功创新的关键	Find Out Why™: The Key to Successful Innovation

Building Business Acumen™	CEO希望你知道的事： 培养商业敏感度™	What the CEO Wants You to Know: Building Business Acumen ™

II. 执行力：

4DX The 4 Disciplines of Execution®	高效执行四原则™	The 4 Disciplines of Execution®

III. 个人效能：

THE 5 CHOICES to extraordinary productivity	激发个人效能的五个选择™	The 5 Choices to Extraordinary Productivity®
PROJECT MANAGEMENT ESSENTIALS™ For the *Unofficial* Project Manager	项目管理精华™ ——给非职业项目经理人的项目管理书	Project Management Essentials for the Unofficial Project Manager ™
Presentation Advantage® TOOLS FOR HIGHLY EFFECTIVE COMMUNICATION	高级商务演示技巧™	Presentation Advantage®
Writing Advantage® TOOLS FOR HIGHLY EFFECTIVE COMMUNICATION	高级商务写作™	Writing Advantage®

IV. 信任：

Leading at the SPEED OF TRUST™	信任的速度™（经理版）	Leading at the Speed of Trust®
SPEED OF TRUST FOUNDATIONS	信任的速度™（基础版）	Speed of Trust®: Foundations

V. 销售绩效：

HELPING CLIENTS SUCCEED	帮助客户成功™ 填充销售管道 筛选商业机会 达成双赢交易	Helping Clients Succeed®

VI. 客户忠诚度

LEADING CUSTOMER LOYALTY™ *Engaging Your Team to Win the Heart of Every Customer*	引领客户忠诚度™	Leading Customer Loyalty™